FILOSOFIA
PARA QUEM NÃO É FILÓSOFO

Universo dos Livros Editora Ltda.
Avenida Ordem e Progresso, 157 - 8º andar - Conj. 803
CEP 01141-030 - Barra Funda - São Paulo/SP
Telefone/Fax: (11) 3392-3336
www.universodoslivros.com.br
e-mail: editor@universodoslivros.com.br
Siga-nos no Twitter: @univdoslivros

PETER GIBSON

FILOSOFIA
PARA QUEM NÃO É FILÓSOFO

**TUDO O QUE VOCÊ PRECISA SABER PARA
ENTENDER O ASSUNTO - EM APENAS UM LIVRO!**

São Paulo
2021

Grupo Editorial
UNIVERSO DOS **LIVROS**

A Degree in a Book: Philosophy

© 2020 Arcturus Holdings Limited
All rights reserved.

© 2021 by Universo dos Livros
Todos os direitos reservados e protegidos pela Lei 9.610 de 19/02/1998.
Nenhuma parte deste livro, sem autorização prévia por escrito da editora, poderá ser reproduzida ou transmitida sejam quais forem os meios empregados: eletrônicos, mecânicos, fotográficos, gravação ou quaisquer outros.

Diretor editorial
Luis Matos

Gerente editorial
Marcia Batista

Assistentes editoriais
Letícia Nakamura
Raquel F. Abranches

Tradução
Marcia Men

Preparação
Nestor Turano Jr.

Revisão
Guilherme Summa e Tássia Carvalho

Revisão técnica
Prof. Leon Denis

Arte
Valdinei Gomes e Renato Klisman

Adaptação de capa
Vitor Martins e Renato Klisman

Dados Internacionais de Catalogação na Publicação (CIP)
Angélica Ilacqua CRB-8/7057

G383f

    Gibson, Peter

    Filosofia para quem não é filósofo : tudo o que você precisa saber para entender o assunto – em apenas um livro! / Peter Gibson ;

    tradução de Marcia Men. –– São Paulo : Universo dos Livros, 2021.

    256 p. : il.

    Bibliografia
    ISBN 978-65-5609-043-6
    Título original: *A degree in a book – Philosophy*

    1. Filosofia 2. Filosofia - História I. Título II. Men, Marcia

20-2945

CDD 100

SUMÁRIO

Introdução   6

Capítulo 1
O Que é Filosofia?   8

Capítulo 2
Verdade   26

Capítulo 3
Razão   40

Capítulo 4
Existência   56

Capítulo 5
Conhecimento   70

Capítulo 6
Mente   92

Capítulo 7
Pessoas   108

Capítulo 8
Pensamento   124

Capítulo 9
Linguagem   140

Capítulo 10
Valores   160

Capítulo 11
Ética   174

Capítulo 12
Sociedade   194

Capítulo 13
Natureza   214

Capítulo 14
Transcendência   234

Glossário   248

Leitura sugerida   252

Créditos das imagens   256

INTRODUÇÃO

Filosofia é um assunto muito agradável. Ela levanta perguntas difíceis e, a princípio, algumas podem parecer impossíveis de responder. No entanto, depois que aprendemos os métodos de destrinchar o problema, o prazer passa a ser a emoção da caça. Uma ideia leva a outra, e momentos empolgantes de revelação vêm a seguir. Além de fornecer o desafio de resolver enigmas, a Filosofia tem a ver com tudo o que importa de verdade. A maioria dos estudantes dessa disciplina fica fascinada com uma ou outra área em particular, mas também é essencial manter uma visão ampla, e é isso o que este livro oferece.

Filosofia para quem não é filósofo oferece um relato abrangente da Filosofia em um único volume. Aqui estão cobertos todos os principais tópicos da Filosofia ocidental, com uma leve ênfase na tradição dos falantes de inglês no que diz respeito aos pensadores da era moderna. A fascinante história da Filosofia é contada em seções localizadas ao final de cada capítulo e descreve o surgimento gradual de novas áreas de reflexão e os homens e mulheres que moldaram a disciplina. Essas seções também incluem breves esboços de todas as figuras famosas relacionadas ao assunto, embora a escolha dos pensadores mais modernos tenha exigido mais seletividade.

Cada capítulo se concentra em um único tópico. O livro começa com assuntos gerais e teóricos, passando então a examinar questões relacionadas aos seres humanos e seu comportamento, e termina analisando a natureza e a transcendência. Os capítulos podem ser lidos em qualquer ordem, e cada seção dentro deles pode ser lida separadamente.

Quando um tópico é apresentado, explicamos a questão e suas implicações, e então são introduzidos diversos argumentos sobre cada aspecto. Esses argumentos devem ser compreendidos como o início de uma discussão, não como uma imagem completa. Se você deseja ir mais a fundo na Filosofia, existe, como acontece com a maioria das disciplinas, um vocabulário que deve ser aprendido, e as palavras mais importantes estão incluídas no texto. Termos técnicos são explicados quando isso for relevante e também podem ser encontrados no glossário localizado no final da obra.

A vida dos filósofos que exploraram esses tópicos são mencionadas apenas brevemente, para que o foco permaneça em suas ideias, em vez de nas pessoas.

A Filosofia estuda de forma muito particular um conjunto muito peculiar de problemas, que são nada mais nada menos do que as questões mais profundas e importantes que os filósofos foram capazes de identificar. Elas abordam a natureza essencial dos seres humanos, o modo como pensamos, a natureza da realidade e nossa habilidade de conhecer essa realidade, e essa família de problemas interconectados é abordada sistematicamente ao longo do progresso do livro.

As técnicas para estudar esses problemas formam um conjunto cuidadosamente refinado de ferramentas para o raciocínio. Esses métodos são utilizados em todas as áreas do pensamento humano, mas os filósofos os identificaram com mais precisão e clareza do que é habitual em outras disciplinas. Um benefício de estudar Filosofia, portanto, é que ela nos oferece um conjunto de instrumentos para o pensar, que é depois aplicável a outras áreas da vida. Conforme lê este livro, você absorverá aos poucos essas estratégias de raciocínio.

CAPÍTULO UM
O QUE É FILOSOFIA?

- Definindo a Filosofia
- Métodos de estudo
- Os críticos
- Filosofia e vida real

DEFININDO A FILOSOFIA

Se você se sentar em silêncio no fundo da classe em uma aula de Filosofia, vai ouvir pessoas expressando pontos de vista sobre tópicos bem abstratos. Entretanto, elas não estão apenas expondo opiniões. Seus ouvintes não apenas exigem razões para essas opiniões, como as próprias pessoas falando se concentram mais em suas razões do que em suas opiniões, e podem até oferecer objeções aos seus próprios pontos de vista. O estudo das razões para as opiniões está no cerne da Filosofia.

Compreendendo o mundo

Obviamente, uma discussão racional sobre Direito ou jardinagem também está interessada nas razões para cada opinião, mas

Ao trocar opiniões na sala de aula, os filósofos em formação oferecem razões para, ou até mesmo objeções a, suas próprias opiniões.

CAPÍTULO UM

Discussão racional

a Filosofia tem também uma temática muito distinta. Os filósofos tentam compreender o mundo. Todavia, muitas outras disciplinas – como Física, Química, Estatística, Biologia, Literatura, Geografia e História – buscam a mesma coisa.

As questões dos filósofos

Os filósofos se afastam um pouco desses estudos e fazem perguntas mais gerais:

- O que é um objeto?
- Uma lei?
- Um número?
- Uma vida?
- Uma pessoa?
- Uma sociedade?
- Uma história?
- Um evento?

Cada um desses conceitos é tomado como algo certo por falantes comuns, até nos perguntarmos *exatamente* o que cada um deles significa – e é aí que os enigmas, ambiguidades e imprecisões começam. Outras disciplinas devem presumir que já conhecem o significado dessa terminologia comum, enquanto a Filosofia tenta não tomar nada como certo.

Filosofia Analítica x Filosofia Continental

Cerca de duzentos anos atrás, a Filosofia ocidental se dividiu em dois campos. A **escola continental**, que floresceu com mais destaque na Alemanha e na França, vê a Filosofia como aliada próxima da literatura e da psicologia, e se concentra em conceitos fundamentais que ofereçem percepções amplas. A **escola analítica**, predominante no Reino Unido e nos Estados Unidos, presta mais atenção às ciências físicas e à lógica, e busca precisão e clareza por meio de definições e provas.

Ideias

Filósofos se concentram nos conceitos essenciais que formam a base para o nosso pensamento. A Filosofia não estuda simplesmente a natureza problemática de ideias comuns. As ideias estão em nossas mentes, mas se referem ao mundo exterior, e o objetivo é pensar mais claramente de modo a compreender o mundo mais claramente. A Filosofia busca a clareza, mas sua característica fundamental é sua natureza altamente generalizada. Especialistas investigam o mundo físico, ou o passado, ou como melhorar nossas vidas na prática, enquanto a Filosofia busca entender a estrutura da nossa compreensão. Todos nós queremos fazer a coisa certa e ser uma boa pessoa, mas o que torna algo "certo" ou "bom"? Queremos viver em uma sociedade justa, mas o que é "justiça"?

Podemos, portanto, definir a Filosofia como a *tentativa de compreender a realidade e a vida humana em termos bem gerais, estudando ideias essenciais ao nosso pensamento para formar uma imagem guiada por boas razões*. A maioria das obras filosóficas famosas se encaixa nessa descrição, exceto por alguns desajustados. Os filósofos tendem a questionar tudo, até a natureza de sua própria área de estudo.

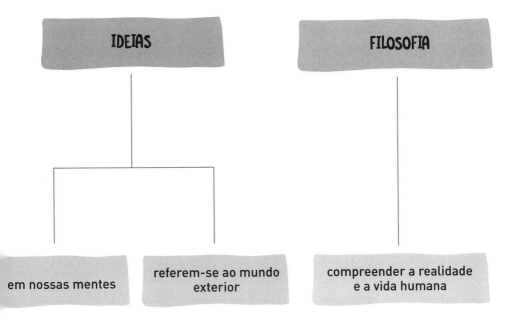

CAPÍTULO UM

Iluminismo

Entre os anos 1620 e 1800 ocorreu o período do Iluminismo europeu, às vezes chamado de Era da Razão. Foi uma época de classicismo na arquitetura e de uma nova inventividade mecânica na indústria. Embora alguns filósofos, como David Hume, sejam pessimistas quanto ao poder da razão, a visão dominante é a de que nossa compreensão e nosso modo de vida podiam se tornar muito mais racionais (ver página 15). Isaac Newton explicou o movimento do sistema solar em uma equação curta, e um relato racional de toda a realidade parecia viável. Na década de 1780, Immanuel Kant fez uma contribuição notável ao oferecer uma teoria da moralidade, construída sobre nada além da coerência e racionalidade em nossos princípios comportamentais.

A Filosofia obteve grande prestígio na Era da Razão. Quando a Filosofia se aliou à nova ciência, parecia ter surgido um time vencedor, que finalmente conseguiria tornar a vida humana algo racional.

> **A ERA DA RAZÃO**
>
> **David Hume**
> ▶ pessimista
>
> **Isaac Newton**
> ▶ uma equação para o sistema solar
>
> **Immanuel Kant**
> ▶ teoria racional da moralidade

Romantismo

Contudo, exatamente quando a Filosofia racional e científica estava pronta para a vitória, ergueram-se as rebeliões, principalmente entre artistas e escritores. O classicismo frio e o modo lógico de viver pareciam negligenciar a parte mais importante de nossas vidas: nossos sentimentos. No início do século XIX, filósofos importantes continuaram desabrochando, mas seguindo uma veia mais cautelosa do que seus antecessores iluministas.

Com as descobertas de Isaac Newton, parecia que tudo agora podia ser explicado em termos racionais.

FILÓSOFOS DO ILUMINISMO

Grã-Bretanha

Thomas Hobbes
(1588-1679)

George Berkeley
(1685-1753)

John Locke
(1632-1704)

David Hume
(1711-1776)

França

René Descartes
(1596-1650)

Jean-Jacques Rousseau
(1712-1778)

Alemanha

Gottfried Leibniz
(1646-1716)

Immanuel Kant
(1724-1804)

CAPÍTULO UM

Hipátia de Alexandria (c. 350-415 d.C.) foi uma das principais filósofas da Antiguidade.

As mulheres da Filosofia

A história da Filosofia é, sem dúvida, dominada por homens. Hipátia de Alexandria foi uma notável filósofa da Antiguidade e, durante o Iluminismo, várias mulheres se envolveram em uma correspondência filosófica de alto nível e escreveram livros importantes. A ideia de que mulheres deveriam ter igualdade total como cidadãs começou a emergir no século XIX, e elas escreveram vigorosamente sobre o assunto. Entretanto, foi apenas quando as mulheres conquistaram o direito a estudar nas universidades que elas se tornaram grandes colaboradoras da Filosofia. Hoje em dia, as mulheres têm, ao menos em termos formais, pleno acesso a todas as áreas da atividade filosófica.

A universidade

Em universidades modernas há uma ênfase menor em assumir pontos de vista mais amplos do conhecimento, pois especialistas estão investigando partes menores do projeto; no entanto, todo filósofo é motivado por interesses maiores do que essa especialização estreita, e sempre levam isso em consideração. A Filosofia pode até ser vista como um estilo de vida, em vez de uma disciplina acadêmica, mas o objetivo ainda é inserir a vida da pessoa em um quadro geral.

O QUE É FILOSOFIA?

MÉTODOS DE ESTUDO

A maioria dos filósofos concorda a respeito da necessidade de racionalidade, conceitos claros, verdades gerais e um quadro geral – mas discordam a respeito dos métodos mais adequados.

Na Grécia Antiga, a Filosofia era estudada principalmente por meio de conversações nas escolas famosas, com livros sendo um resultado ocasional.

Na Europa medieval, o foco principal residia em explicar os famosos textos antigos que haviam sobrevivido, especialmente os de Aristóteles. Com a chegada da imprensa, tornou-se possível dar uma ampla circulação a novos livros, e a Filosofia centrou-se no debate escrito entre os principais eruditos, que com frequência viviam isolados uns dos outros.

Na Europa medieval, os filósofos focaram sua atenção em textos antigos que haviam sobrevivido.

O surgimento de várias universidades novas no século XIX mudou imensamente a prática da Filosofia e, hoje em dia, os principais filósofos, em sua maior parte, passam suas carreiras dentro dos departamentos das universidades.

O seminário universitário moderno lembra as conversações das escolas antigas, mas também existem inúmeros trabalhos publicados em revistas especializadas, com respostas críticas de colegas, e conferências internacionais regulares que se concentram nos tópicos especializados dentro da Filosofia.

A ascensão da ciência dividiu os filósofos: alguns deles abraçaram as novas descobertas físicas como uma expansão da Filosofia tradicional, enquanto outros declaravam que ela era algo à parte, ocupando-se do pensamento, das abstrações e das verdades eternas.

O último tipo entre os métodos variáveis da Filosofia é o surgimento moderno da lógica formal. Aristóteles inventou a lógica formal, mas essa habilidade permaneceu nas margens da Filosofia até o século XX. Quando as linguagens formais se tornaram mais expressivas e potentes, filósofos da *Tradição Analítica* viram-nas como ferramentas para estender seu pensamento racional para um território novo, ao mesmo tempo que acrescentavam o tipo de precisão normalmente restrita à matemática.

15

CAPÍTULO UM

OS CRÍTICOS

A Filosofia ocidental tem uma tradição de 2.500 anos, e continua a dar frutos. Esse estudo, entretanto, sempre teve seus críticos, e as dúvidas deles são um bom foco para o que os filósofos estão tentando alcançar. As dúvidas típicas sobre a Filosofia vêm de teólogos, poetas, cientistas, feministas, leigos interessados e pessoas pragmáticas.

Teólogos temem que o questionamento contínuo solape as doutrinas preestabelecidas sobre as quais a religião precisa se fundar.

Cientistas acreditam que a pesquisa física moderna deixou a Filosofia para trás, porque a racionalização de botequim nunca consegue demonstrar os fatos.

Poetas temem que a precisão fria do pensamento filosófico atrofie nossos sentimentos mais profundos e nos impeça de levar uma vida plena e realizada.

Feministas desconfiam da forma como a Filosofia representa os interesses típicos masculinos, negligenciando as diferentes prioridades das mulheres.

Leigos com frequência ficam frustrados pelos elementos tipicamente encontrados na Filosofia – o jargão, as frases longas, as afirmações obscuras e a falta de exemplos físicos – e desconfiam de que ela seja uma conspiração elitista.

Pessoas pragmáticas reclamam do enfurecedor distanciamento dos filósofos, que se recolhem às escolas e universidades quando seus intelectos poderiam servir a fins muito mais práticos.

O QUE É FILOSOFIA?

Dilemas religiosos

As principais religiões vêm conduzindo uma relação de amor e ódio com a Filosofia. Assim que uma religião se torna estabelecida em suas principais crenças e atrai seguidores de forma ampla, ela geralmente busca um sistema teológico consistente e abrangente para responder a todas as questões de seus fiéis. Isso é precisamente o que a Filosofia oferece, com técnicas para eliminar contradições e encontrar um molde seguro de conceitos. Uma típica questão é se o Deus racional e remoto dos filósofos pode ser conciliado com o Deus pessoal de uma religião, que interfere na vida humana. O problema principal, obviamente, é que a Filosofia não tem nenhuma regra que diga que o questionamento cético deve parar quando se torna desconfortável.

> **As acusações contra a Filosofia:**
> - Ela enfraquece a doutrina
> - Falha em progredir
> - É imprecisa
> - Não respeita provas
> - Ignora a emoção
> - Representa interesses masculinos
> - É cheia de jargões
> - Uma conspiração elitista
> - Não tem uso prático

A reconciliação entre Filosofia e Teologia feita por São Tomás de Aquino desenvolveu as fundações para a doutrina da Igreja Católica.

Fé e Filosofia

O Islã do século IX se interessava muito pela Filosofia grega, mas, no século XII, esse movimento havia morrido e a lealdade aos textos sagrados voltava a predominar. Pensadores cristãos ficaram empolgados quando leram Aristóteles pela primeira vez no século XII, e várias gerações de eruditos excepcionais buscaram reconciliar os sistemas gregos de metafísica e ética com os ensinamentos do Novo Testamento. Novas doutrinas se tornaram cada vez mais independentes e desafiadoras, até que os líderes da igreja colocaram um fim abrupto nisso (em 1347) e os eruditos foram perseguidos e dispersados. A ênfase na pura fé tornou-se ainda mais forte com a Reforma Protestante (a partir de 1517), embora a Igreja Católica Apostólica Romana tenha guardado um grande interesse nas reconciliações realizadas por pensadores medievais, como São Tomás de Aquino. O judaísmo também teve grandes teólogos filosóficos, como Maimônides, no século XII, e mantém um interesse ativo em reconciliar questões filosóficas com as leis expostas nos textos iniciais.

CAPÍTULO UM

INTERAÇÕES ENTRE A FILOSOFIA E A TEOLOGIA

Filosofia grega	➡	Islã do séc. IX
Aristóteles	➡	Cristandade do séc. XII
Filosofia grega	➡	Reforma Protestante do séc. XVI

Teologia e ciência

No entanto, a distância entre a Teologia e a Filosofia tornou-se cada vez mais pronunciada desde o século XVII, quando a ascensão da ciência moderna e o interesse renovado no ceticismo antigo levaram a questões fundamentais cada vez mais desafiadoras. O surgimento do ateísmo explícito no século XVIII pareceu criar um abismo intransponível, mas novas abordagens à religião (vindas de Kierkegaard, por exemplo) mantiveram as questões teológicas vivas dentro da Filosofia, e a Filosofia da Religião é, hoje em dia, um tópico florescente na maioria dos departamentos de Filosofia.

Teólogos modernos continuam preocupados com os argumentos formais a favor da existência de Deus e se as objeções levantadas pelos céticos contra esses argumentos são válidas. O problema do mal precisa ser discutido, porque com frequência é citado como um motivo para o ateísmo. O foco mais comum da Teologia moderna, contudo, diz respeito à natureza de Deus, amiúde vista como um aspecto do Eu e de como ele se relaciona com o mundo, em vez de analisá-lo como uma pessoa suprema. Sob uma perspectiva religiosa, o materialismo moderno parece não ter alma e nem propósito.

Maimônides (c. 1135-1204) foi um dos maiores filósofos judeus.

O ataque da ciência

Por muito tempo, a ciência foi chamada de "Filosofia natural" e os dois assuntos eram inseparáveis. Porém, quando Francis Bacon ajudou a lançar a ciência experimental moderna (por volta de 1610), ele a conectou a um ataque contra a metafísica tradicional, que era como uma estátua inerte que nunca ia a lugar algum. Isso culminou em três novas críticas à Filosofia:

- ela fracassa em progredir
- falta-lhe precisão
- ela não dá a devida atenção a evidências

Em tempos mais recentes, o imenso progresso da ciência em tantas áreas sugeriu que ela talvez acabasse solucionando todos os problemas filosóficos genuínos. ***Cientificismo*** é o rótulo que os filósofos dão a essa forte declaração.

Alguns filósofos aceitaram essa ideia e se tornaram pessimistas a respeito de sua própria área. Para compreender a mente e seu pensamento, comportamento humano, matéria, espaço e tempo, e como adquirimos conhecimento, pode ser mais importante se manter a par das pesquisas modernas do que se sentar e especular.

Francis Bacon ajudou a lançar a ciência experimental.

Otimistas
- Acreditam que a ciência e a Filosofia continuam como partes de uma única iniciativa (com os filósofos se especializando na parte mais conceitual e genérica).
- Veem a ciência como irrelevante à Filosofia. O funcionamento do mundo físico é visto como detalhe menor, com problemas mais importantes residindo em um nível completamente diferente de pensamento.

Pessimistas
- Acreditam que a Filosofia é uma confusão autoinfligida, que deve primeiro ser esclarecida e, em seguida, abandonada.
- Acreditam que, para entender melhor o mundo, devemos nos manter atualizados com as pesquisas modernas em vez de simplesmente nos sentar especulando.

CAPÍTULO UM

Progresso

É uma acusação comum dizer que a Filosofia falha em progredir, já que ela luta com os mesmos problemas há muitos séculos e fracassou em resolver qualquer um deles. Em resposta, podemos dizer que alguns problemas foram solucionados (embora a solução correta pode não ter sido devidamente valorizada) ou que o objetivo nunca foi resolver esses problemas. Essa segunda perspectiva vê os problemas como quebra-cabeças permanentes que sempre desafiarão a humanidade:

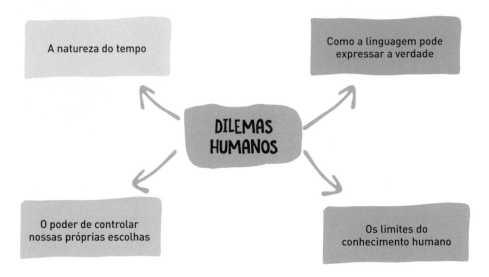

O objetivo é compreender totalmente os enigmas e mapear os possíveis argumentos e contra-argumentos, o que filósofos vêm fazendo com muito sucesso.

Precisão

A acusação de que a Filosofia é imprecisa é rebatida pelo uso da lógica como ferramenta de consulta. Isso certamente dá precisão e provas rigorosas, mas há discordâncias se uma ferramenta tão precisa é apropriada para abordar problemas tão difíceis e imprecisos.

Evidências

A acusação de que a Filosofia não respeita as evidências é normalmente combatida pelos filósofos, considerando que eles devem aprender sobre a ciência. Agora é normal que filósofos tenham um bom conhecimento sobre a teoria quântica e a da relatividade, além de biologia cerebral, modelo padrão da matéria física e da teoria da evolução. Esse conhecimento não substitui o pensamento filosófico, mas o respeito pelos fatos já comprovados é indispensável.

A objeção do poeta

Uma nova forma de objeção à Filosofia surgiu, preferindo música dramática e poesia emotiva à análise fria do pensamento racional. Essa visão romântica ainda perdura conosco, em uma preferência por experiências pessoais intensas em vez da desapegada busca pela sabedoria.

Filósofos modernos reagiram reconhecendo a importância da ética e da emoção em suas teorias da mente. A neurociência moderna endossa a ideia de que o pensamento puramente racional é um mito, porque as emoções estão entranhadas até em nossas atividades mentais mais lógicas. A ausência de uma motivação emocional é uma grande lacuna em muitas teorias éticas – podemos formular regras impressionantes para o bom comportamento, mas por que deveríamos nos incomodar em seguir as regras? Relatos de uma boa vida agora dedicam muito mais atenção aos papéis desempenhados pelo amor e os desejos egoístas.

Os românticos davam mais valor à paixão do que à análise racional.

Feminismo

Pensadoras feministas lidam com diversas questões. Dois mil anos de Filosofia totalmente masculina deixaram sua marca no assunto (assim como em outras áreas da sociedade), e filósofas explicitamente feministas estão engajadas, neste momento, em desconstruir essas ideias e teorias. Um exemplo óbvio é a filosofia da moralidade, na qual as discussões masculinas modernas têm carregado um caráter muito legalista, buscando regras precisas para guiar e avaliar o comportamento. As mulheres ficam na linha de frente da ressurgência da questão da virtude na ética, colocando a criação dos filhos (que dificilmente é mencionada nas discussões mais antigas) como central para a vida moral. Também existe certa desconfiança do amor masculino à lógica precisa e aos conceitos grandiosos e imponentes, que acabam empurrando para escanteio as sutilezas da vida comum.

Atualmente, mulheres são muito importantes em todas as áreas da Filosofia, contribuindo com trabalhos relevantes para as filosofias da lógica, matemática e ciência, além dos aspectos mais humanos do assunto. Parece não haver motivo para que a Filosofia, num futuro próximo, ignore a questão dos gêneros.

CAPÍTULO UM

Perplexos pelo jargão

Quem não é familiarizado com a Filosofia com frequência se vê aturdido com sua aparente obscuridade. Não existem apenas linhas de pensamento muito extensas, com muitos termos técnicos, como também há um foco constante em questões mínimas nas quais pessoas comuns não desperdiçariam seu tempo.

Uma resposta óbvia é dizer que todos os assuntos – a Química, por exemplo – são obscuros, cheios de jargão e se concentram em detalhes, sempre que são estudados em um alto nível; portanto, por que a Filosofia seria diferente? A crítica poderia responder que a Filosofia se ocupa em grande parte da experiência humana comum, com a qual todos nós poderíamos esperar nos envolver. Os filósofos podem persistir em afirmar que o jargão e as minúcias são essenciais, mesmo numa discussão sobre o que é comum, mas eles provavelmente deveriam aceitar um pouco dessa crítica.

Filósofas como Martha Nussbaum buscam questionar a sabedoria tradicional masculina.

A Filosofia sempre foi difícil, pois exige que as pessoas pensem muito mais intensamente sobre tudo. Os textos filosóficos dos gregos antigos são certamente mais desafiadores do que os históricos ou literários. Entretanto, da época de Kant em diante (por volta de 1790), o estilo de expressão empregado em livros de Filosofia torna-se notavelmente mais difícil, e o jargão especializado aumenta muito. Parte disso é inevitável, porque as explorações dos filósofos do passado se acumulam e novos estudantes devem ter familiaridade com conceitos, teorias e ilustrações famosas de seus precursores. Muitos filósofos modernos, contudo, preocupam-se com a imagem exclusiva e elitista que a área desenvolveu. A luta pela clareza é vital em toda disciplina acadêmica, mas é especialmente importante na Filosofia, porque é muito fácil introduzir um vocabulário técnico sem fundamento no mundo físico.

Textos filosóficos, dos gregos em diante, têm se tornado cada vez mais cheios de jargão.

Falta de uso prático

No diálogo *Górgias*, de Platão, Sócrates se envolve em uma discussão sobre as vantagens da retórica persuasiva e da Filosofia verdadeira. Durante a discussão, Platão apresenta um personagem chamado Cálicles, que despreza os filósofos e sua área de atuação. O que o aborrece particularmente é o afastamento dos filósofos em relação à vida prática. Eles idealizam ideias de bondade e virtude, enquanto a vida real é apenas uma disputa de poder, cheia de vencedores e perdedores. Os filósofos são covardes, irresponsáveis e irrelevantes. Não existe resposta fácil para um massacre como esse, mas, como a maioria dos acadêmicos de fato se retirou do mundo prático (de forma muito responsável), é essa acusação de irrelevância a que mais precisa de uma resposta.

Sócrates discutiu os méritos da retórica e da Filosofia em Górgias.

FILOSOFIA E A VIDA REAL

Qual é a relevância da Filosofia na vida real, então? A maioria dos filósofos aceita que as partes mais abstratas de determinado assunto têm pouca relevância imediata, e mesmo as discussões mais práticas da ética e da teoria política não têm ligação direta com o modo como vivemos agora, mas ainda acreditam que, a longo prazo, a Filosofia tem uma enorme importância. Essa convicção é bem difícil de ser justificada, mas, se analisarmos as crenças estruturais que moldam a sociedade moderna e nos perguntarmos de onde elas vieram, constataremos que essas crenças se desenvolveram como uma mistura de respostas a situações práticas no mundo e da influência dos pensadores dominantes de gerações anteriores. Os princípios de nosso sistema judicial, os valores da democracia liberal e os tópicos e culturas ensinados na escola não são o resultado de mero acaso. Muitos deles vieram de guerreiros, economistas, líderes carismáticos e escritores imaginativos, mas filósofos podem muito bem ter sido a maior influência. Filósofos podem efetuar imensas mudanças no mundo – só que bem, bem devagarinho.

CAPÍTULO UM

OS PRÉ-SOCRÁTICOS E SOFISTAS
585 a 410 a.C.

A Filosofia grega teve início com uma busca pela explicação estrutural da natureza (*physis*), começando com **Tales de Mileton** (*c.* 624-546 a.C.), que sugeriu que tudo o que vemos é uma forma de água. Seguiram-se propostas alternativas, de que a natureza é essencialmente ar ou fogo ou terra. Cada um desses itens (incluída a água) é necessário à vida, então uma teoria posterior decidiu que ela era a junção de todos esses quatro *elementos*. Para **Empédocles** (*c.* 490-430 a.C.), a natureza é explicada como uniões causadas por amor e divisões motivadas por ódio. **Heráclito** (*c.* 535-475 a.C.) entendia que a natureza mudava de maneira tão contínua que nós jamais poderíamos conhecê-la. **Anaxágoras** (*c.* 510-428 a.C.) argumentou sobre a importância da mente nas fundações da natureza. **Demócrito** (*c.* 460-370 a.C.) propôs que tudo (até mesmo a mente) era feito de átomos, o que levou ao fisicalismo moderno.

Demócrito e Heráclito foram dois dos principais filósofos pré-socráticos.

24

O QUE É FILOSOFIA?

Parmênides (*c.* 515-? a.C.) lançou a metafísica quando se perguntou sobre a própria existência (*Ser*) e defendeu que as aparentes flutuações da natureza são apenas ilusão. **Pitágoras** (*c.* 570-495 a.C.) era fascinado pelas proporções numéricas na natureza, e concluiu que ela tinha sua fundação na matemática. Como tanto o puro Ser quanto a matemática são conhecidos apenas por meio da razão (e não pela experiência dos sentidos), esses dois pensadores começaram a tradição Racionalista.

A natureza parecia ser a fonte de todas as verdades e a controladora da vida humana. Entretanto, uma rebelião filosófica decidiu que a maioria das verdades e dos assuntos humanos era mera questão de lei e convenção (*nomos*). Esse debate *nomos-physis* deu início a um grande tema na Filosofia – *Nós descobrimos isso ou nós inventamos isso?* – e ainda não está claro para nós até que ponto a matemática, a lógica, a moralidade, as leis da natureza e todo o nosso suposto conhecimento são fatos ou criações humanas. Os sofistas (*homens sábios*) argumentaram que quase tudo em que acreditamos é convencional, e não factual. **Protágoras** (*c.* 490-420 a.C.) iniciou o *relativismo*, defendendo que todos os supostos fatos são apenas o ponto de vista de alguém. **Górgias** (c. 485-380 a.C.) propôs a ideia ainda mais radical do *ceticismo*, dando razões pelas quais não devemos acreditar em absolutamente nada.

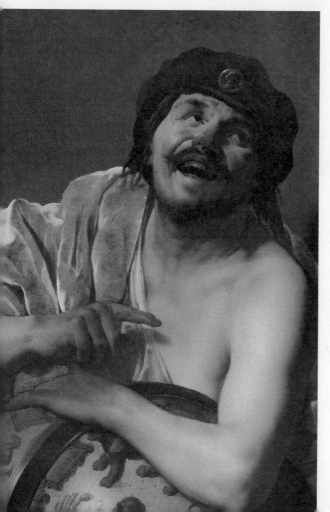

CAPÍTULO DOIS
VERDADE

- Buscando a verdade
- Relativismo • Correspondência
- Verdade prática • A abordagem linguística • Fazedores-de-verdade

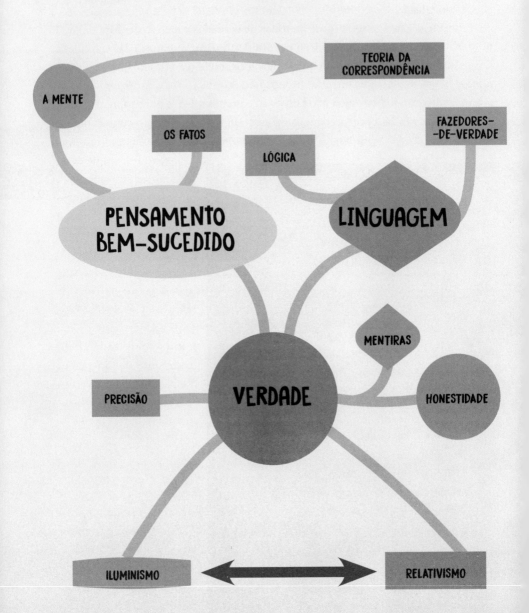

BUSCANDO A VERDADE

A verdade está no cerne da vida humana e no cerne da Filosofia, cujo sentido depende se seus pensadores estão tentando evitar o que é falso. A verdade pode até ser o valor supremo da Filosofia, se acreditarmos na observação de Platão de que *"A verdade encabeça a lista de todas as coisas boas, tanto para os homens quanto para os deuses"*.

Os animais não humanos também têm um senso de "entender errado", como ocorre quando um gato erra um salto ou um cachorro se confunde sobre a localização de uma bola. O comportamento deles nessas situações só faz sentido se eles percebem que entenderam as coisas do modo certo ou errado. Eles podem não ter um conceito de verdade, mas o conceito humano se refere ao sucesso ou fracasso de julgamentos, e os outros animais certamente fazem julgamentos.

O conceito de verdade

Animais podem não ter um conceito de verdade, mas eles sabem quando entendem algo errado. Por exemplo: um cachorro pode facilmente se confundir sobre a localização de uma bola.

- Tribunais de justiça buscam descobrir o que realmente aconteceu, de forma a fazer julgamentos justos.
- Nós ansiamos por líderes políticos confiáveis.
- Experiências científicas são julgadas de acordo com a precisão de suas descobertas.
- Precisamos que outras pessoas falem rotineiramente com honestidade.

O que é a Verdade?

Em conversas cotidianas, dizemos que "a verdade está lá fora" ou que "precisamos descobrir a verdade", mas os filósofos preferem se referir ao que está lá fora como "os fatos", reservando "verdade" para descrever pensamentos, e não o mundo. Assim, a perspectiva padrão é de que, se não houvesse mentes no universo, existiriam muitos fatos – mas nenhuma verdade. A verdade, noutras palavras, é compreendida como uma relação entre uma mente e os atos (a relação de "entender direito").

Mente e fatos

CAPÍTULO DOIS

VERDADE ▶ *Relacionamento entre uma mente e os fatos*

O UNIVERSO (fatos) — **VERDADE** — MENTES (pensamentos)

A verdade pode ser capturada em uma frase, e podemos dizer que algumas frases de Platão continuam sendo verdadeiras, apesar de a mente de Platão já não estar conosco. É por isso que discussões modernas com frequência se concentram na linguagem, mas não existe verdade se não houver uma mente envolvida em algum ponto do processo.

Considerando-se, portanto, que o pensamento bem-sucedido é o verdadeiro, e que nos casos mais simples fica bem evidente se nossos juízos foram bem-sucedidos, esse conceito, e seu papel na Filosofia, devia ser bem simples e óbvio. Infelizmente, não é o caso. Para cada filósofo que confirma a avaliação otimista de Platão, geralmente existe outro que não tem tanta certeza. Nos dois extremos, tivemos filósofos que sacrificaram tudo em busca da verdade (Sócrates e Espinoza, por exemplo), mas também filósofos (como Protágoras e Nietzsche) que duvidaram de seu valor, ou até mesmo de sua existência.

Platão considerava a verdade a maior de todas as virtudes.

Relativismo

A verdade é um pensamento bem-sucedido, mas se algo como "sucesso" genuíno não existe em relação ao pensamento, então a verdade em si não existe. As primeiras dúvidas assumiram exatamente esse formato. Os primeiros filósofos fizeram todo tipo de declaração, porém a discordância é a força motriz da Filosofia, e, para cada nova teoria sobre a natureza ou a moralidade, rapidamente surgem as objeções.

Protágoras

A crise ocorreu quando Protágoras (um dos sofistas, ou os chamados "sábios") observou que esses argumentos e contra-argumentos contínuos anulavam-se mutuamente. Sêneca relata que Protágoras teria dito que "é possível argumentar em qualquer lado de qualquer questão com a mesma força, mesmo sobre a questão se é possível ou não argumentar igualmente em qualquer lado de qualquer questão!". Se lados opostos de todo argumento têm de fato uma força igual,

VERDADE

Protágoras, um sofista, acreditava que argumentos igualmente potentes existiam de ambos os lados, tornando impossível descobrir qual seria a resposta verdadeira.

então o conhecimento da resposta correta será sempre inalcançável e a verdade pode ser abandonada. Tudo o que resta são os argumentos rivais, cada um representando a perspectiva de alguém – expressa na máxima "o homem é a medida de todas as coisas". Essa doutrina social (do *relativismo* extremo) significa que tanto a vida social quanto a Filosofia são apenas batalhas pela supremacia entre doutrinas adversárias, com poderes emocionais de persuasão dominando a batalha, em vez da objetividade e da razão.

Relativismo extremo

RELATIVISMO EXTREMO ▶ *Tanto a vida social quanto a Filosofia são apenas batalhas pela supremacia entre doutrinas adversárias, com poderes emocionais de persuasão dominando a batalha, em vez da objetividade e da razão.*

Defensores da Verdade

O relativismo de Protágoras permaneceu, contudo, como uma visão minoritária. Uma reação comum era *virar o jogo* e dizer que, se não existe verdade em nenhuma teoria, isso quer dizer que também não há verdade no relativismo, então podemos ignorá-lo. Com os primeiros sucessos da ciência moderna, o status da verdade alcançou novos patamares, atingindo seu apogeu durante o Iluminismo.

O Iluminismo

Filósofos iluministas falando sobre a Verdade
John Locke – "Nada [é] tão belo aos olhos quanto a verdade é para a mente."
Espinoza – "Homens necessariamente sempre concordam um com o outro, à medida que vivam segundo a orientação da razão."

CAPÍTULO DOIS

O otimismo sobre a verdade e sobre as possibilidades de acordo racional sempre caminharam de mãos dadas e ainda inspiram muitos pensadores. Entretanto, os desafios estavam longe de acabar.

Relativismo na era da ciência

Nietzsche e a verdade

A era da ciência trouxe uma atitude reverente em relação à verdade, mas, na década de 1880, Friedrich Nietzsche se perguntou por que ela tinha adquirido essa aura sagrada:

- Afinal de contas, os animais levam a vida perfeitamente sem se preocuparem com ela.
- Muitas culturas humanas são construídas com base em mitologias e estranhas fantasias que são claramente falsas.
- Os poderosos de uma sociedade não precisam se preocupar com a verdade, de modo que defender A Verdade começou a parecer um slogan favorecido pelos oprimidos, em vez de um objetivo neutro para o pensamento.

Essas sugestões deram início à atitude moderna que vê a verdade menos como um ideal absoluto, buscado por todos, e mais como um sonho sutilmente entrelaçado nas culturas modernas. Estudos sociológicos e culturais desenvolveram essa perspectiva, que está muito mais próxima do relativismo protagórico do que dos ideais de Platão e Espinoza. O relativismo também pode ter se popularizado porque parece encorajar a tolerância, mas isso é um equívoco, pois o relativismo coerente requer que a intolerância também seja tolerada.

Teoria da Coerência

Os filósofos propõem a *Teoria da Coerência* como sustentação para a abordagem relativista, dizendo que

TEORIA DA COERÊNCIA ▶
A verdade não passa de um encaixe num esquema conceitual, como uma peça em um quebra-cabeça.

Friedrich Nietzsche desafiou a aura reverente em torno da verdade.

VERDADE

a verdade não passa de um encaixe em um esquema conceitual, como uma peça de quebra-cabeça. Afirmar que a verdade é apenas uma questão de encaixe adequado tem certa plausibilidade em um esquema conceitual grande, detalhado e bem-sucedido, como a Química moderna, mas parece errado quando o esquema de pensamento é muito restrito, como conseguir um encaixe adequado com afirmações de que a Terra é plana, ou com mundos ficcionais, como as histórias de Sherlock Holmes.

CORRESPONDÊNCIA – COMBINANDO OS INGREDIENTES

Os defensores da verdade precisavam de uma teoria mais clara sobre a natureza da verdade, e desenvolveram a ideia da *correspondência*. Ela propunha uma correspondência precisa entre os ingredientes de um pensamento ou frase verdadeiros e os ingredientes do fato afirmado por eles.

> **TEORIA DA CORRESPONDÊNCIA**
> ▶ Existe uma correspondência precisa entre os ingredientes de um pensamento ou frase verdadeiros e os ingredientes do fato afirmado por eles.

Em 1912, Bertrand Russell sugeriu que os substantivos e verbos de uma frase verdadeira se alinhavam precisamente com os objetos e ações do evento sendo descrito, de modo que eles combinavam – como dois triângulos congruentes, ou um mapa e a paisagem descrita por ele. Essa *Teoria da Correspondência* permanece como a mais popular entre aqueles que veem a verdade como um conceito robusto, a despeito dos problemas que surgiram posteriormente com a teoria.

Da mesma forma que um mapa corresponde à paisagem representada por ele, as palavras de uma frase correspondem a objetos e ações no mundo real.

31

CAPÍTULO DOIS

Se o significado de uma simples frase verdadeira corresponde a um fato, como deveríamos entender "significado", "corresponder" e "fato"? Se esses conceitos estão sendo utilizados na definição de verdade, então é bom que as definições desses conceitos não envolvam a verdade, ou a teoria inteira seria irremediavelmente circular.

Significado

Se o significado de uma frase verdadeira corresponde aos fatos, o que é "significado"? A teoria mais popular diz que o significado de uma frase é a sua "condição de verdade" – como as coisas seriam se a frase fosse verdadeira. Mas como podemos discernir a situação verdadeiramente descrita pela frase, se ainda não compreendemos a "verdade"? Portanto, essa definição de verdade é circular e pressupõe que o conceito de significado não tenha qualquer relação com o de verdade, o que parece improvável.

Corresponder

Podemos ver como os pontos em um triângulo ou mapa correspondem a pontos situados em outro local, mas a correspondência entre palavras ou conceitos e as situações descritas por eles é muito mais vaga, porque são coisas inteiramente diferentes (é como perguntar como a música corresponde à arquitetura). De modo semelhante, é difícil definir *correspondência* sem sugerir que a combinação deveria ser precisa – o que parece envolver a verdade. Se não acrescentarmos uma restrição nesse sentido, podemos mostrar que um mapa da França corresponde à Alemanha.

Fato

É impossível especificar o fato correspondente sem expressá-lo em uma frase – mas esse fato provavelmente já estará na frase em questão. Portanto, se "O gato está no capacho" é verdade, isso deve corresponder a um fato. Mas qual é o fato? Que "O felino se encontra no pequeno tapete de porta"? É mais razoável declarar o fato como "O gato está no capacho". Se, quando tentamos expressar os fatos dessa forma, eles resultam meramente em frases verdadeiras, então a teoria da correspondência não nos diz nada.

Para dar uma visão mais robusta da verdade, precisamos de uma visão igualmente robusta dos fatos, que precisam de um forte compromisso com a existência de um mundo externo que seja independente do que dizemos a seu respeito.

VERDADE PRÁTICA

Dadas as dificuldades com a definição de "verdade", parece tentador simplesmente dizer como o conceito afeta o nosso comportamento, ou como a palavra é usada na linguagem. O

Pragmatismo Americano

movimento **Pragmático Americano** (do final do século XIX) adotou a primeira abordagem. Se a verdade é um ideal abstrato, então parece remota, desconcertante e indefinível; por isso, o objetivo dos pragmáticos era arrastá-la de volta à vida real.

VERDADE

Explicar o problema por meio de nossa experiência comum é bastante atraente, mas os pragmáticos não podem negar que o sucesso na ação nem sempre implica uma verdade, porque algumas pessoas muito iludidas ainda conseguem passar pela vida com um sucesso considerável. O pragmatismo nos oferece uma perspectiva útil da verdade, mas à custa de torná-la muito menos robusta do que a teoria da correspondência, e levando-a muito mais para perto do relativismo.

A ABORDAGEM LINGUÍSTICA

A abordagem linguística teve início com o desafio de Frank Ramsey na década de 1920 – de que a palavra "verdade", quando analisada na prática, parece não ter sentido algum.

Essa ***Teoria da Redundância*** aponta que não existe qualquer diferença significativa entre dizer:

Teoria da Redundância

- "Brutus assassinou César."
- "É verdade que Brutus assassinou César."

A segunda frase apenas repete a primeira, ou afirma o mesmo conteúdo, porém mais alto. Com a perspectiva da correspondência incapaz de dar uma definição incisiva da verdade, os pragmáticos absorvendo-a na vida cotidiana e a demolição da teoria da redundância, a verdade estava em crise. "Verdade" é um conceito preciso que ou desapareceria, ou seria absorvido pelos estudos históricos e culturais.

A Teoria da Redundância declara que não existe diferença entre dizer "Brutus assassinou César" e "É verdade que Brutus assassinou César".

33

CAPÍTULO DOIS

Linguagem objeto e metalinguagem

A gota d'água veio na década de 1930, quando Alfred Tarski ponderou sobre a declaração "esta frase é falsa" (o que é falso se ela for verdadeira, e verdadeiro se ela for falsa!), e provou que é logicamente impossível definir o conceito de verdade dentro de uma linguagem precisa. A boa notícia é que ainda seria possível dar um relato preciso sobre a verdade saindo da linguagem e entrando em uma ***metalinguagem*** – uma linguagem diferente, usada para descrever a linguagem em que se está interessado. Não se pode usar o português comum para dizer que alguma frase em português é verdadeira. É preciso recuar e ir para um nível diferente de português, aquele utilizado pelos especialistas em linguística para discutir linguagens. Desse ponto de vista mais elevado, é possível especificar quais sentenças na ***linguagem objeto*** são verdadeiras. Assim, chegamos à declaração levemente desconcertante de que: *"a neve é branca" é verdade apenas e tão-somente se a neve for branca.*

Fica um pouco mais claro se dissermos: *"la neige est blanche" é verdade apenas e tão-somente se a neve for branca*, em que a metalinguagem (português) é usada para mostrar que a sentença em francês é verdadeira – desde que seja possível dizer em português que a neve é branca.

"la neige est blanche"   a neve é branca

VERDADE

Verdade e lógica

Sobre o alicerce dessa ideia simples, podemos compilar um catálogo teórico de todas as frases permissíveis na linguagem objeto, algo como um livro enorme definindo a verdade para aquela linguagem. Para o lógico, a importância residia no fato de que a "verdade" seria agora precisa o suficiente para mostrar como ela é transmitida em provas lógicas.

Podemos dizer que, se A é verdade, e A implica B, então B é verdade.

Simplesmente anexar um "V" à afirmação "Paris é a capital da França" não basta no que diz respeito à linguagem e à lógica.

CAPÍTULO DOIS

Sem os conceitos de verdadeiro ou falso, a lógica é apenas um jogo sem sentido com símbolos. Agora, no entanto, era possível conectar a lógica ao mundo, usando os símbolos "V" e "F".

Você não pode saber que Paris é a capital da Espanha, porque não é verdade.

Isso foi uma ótima notícia para os lógicos, mas você pode ter alguma dúvida se nós compreendemos melhor o que "verdadeiro" ou "falso" significam agora (já que isso é dado como certo na metalinguagem). "V" e "F" podem agora ser atribuídos a frases na lógica, de forma semelhante ao que fazemos com 1s e 0s em fórmulas no computador.

Isso abre espaço para alguns cálculos interessantes que podem produzir resultados espetaculares (em um laboratório de física, por exemplo), mas dizer que "verdadeiro" pode ser expressado como "1" em um computador não era o que Platão tinha em mente quando elogiou a verdade como um ideal. O próprio Tarski admitiu que estava demonstrando apenas como poderíamos usar "verdadeiro", não nos dizendo o que isso significava. Para alguns filósofos modernos, as implicações do relato de Tarski bastam, e as teorias mais robustas podem ser abandonadas em troca de uma **Teoria Minimalista** ou **Deflacionária** da verdade. "Verdadeiro" não é redundante na verdade, pois é útil quando nos referimos a frases sem expressá-las, como: "o que você disse ontem é verdade" ou "todas as frases nesse texto sagrado são verdadeiras". Todavia, isso apenas reforça a descoberta de Tarski de que *é preciso se afastar da linguagem de modo a dizer quais verdades ela contém*.

Teoria minimalista ou deflacionária

O motivo pelo qual essa importante descrição da verdade não é suficiente para a Filosofia é visto quando examinamos linguagem e lógica. Em linguagem, procuramos relatos de como as partes de uma frase podem se "referir" a entidades reais no mundo, e depois anexar-lhes com precisão "predicados" (ou propriedades) – o que implica o tipo de sucesso ou fracasso que provavelmente precisa de um conceito robusto de verdade. Em conhecimento, uma das presunções mais básicas é a de que jamais é possível afirmar que se sabe algo que seja inverdade. Ninguém pode saber que Paris é a capital da Espanha, mesmo que a pessoa tenha pilhas de provas afirmando isso, porque Paris simplesmente não é a capital da Espanha. Esse ponto não pode ser expresso da maneira apropriada se dissermos apenas que a letra "V" pode ser anexada à frase "Paris é a capital da França".

FAZEDORES-DE-VERDADE

Uma ideia moderna interessante que emprega uma noção robusta de "verdade" é a afirmação de que toda frase verdadeira deve ter um *fazedor-de-verdade* – algo que a torne verdade. Essa sugestão parece totalmente plausível para declarações simples sobre fatos físicos. "O gato está no capacho" é verdade se o gato de fato está no capacho, e se eu puxar o capacho de onde ele está, isso faz com que a frase se torne imediatamente falsa. A verdade da frase é diretamente reativa à situação real e esse "fato" em particular é o que torna a frase verdadeira – portanto, a frase tem um fazedor-de-verdade. A sugestão ousada e controversa é que todas as frases verdadeiras são assim. Se toda verdade de fato tem um fazedor-de-verdade, isso deleitaria os defensores das teorias robustas, porque fazedores-de-verdade são fatos substanciais ou estados de coisas e não meras afirmações feitas em uma metalinguagem.

> *Fazedor-de--verdade*

Inevitavelmente, existem casos complicados em que a afirmação do fazedor-de-verdade não é tão evidente:
- "Gatos tendem a se deitar em capachos" – podemos tentar especificar o fazedor-de-verdade para cada exemplo, mas isso não será mais um estado de coisas puro.
- "Gatos são mamíferos" – todos os gatos atuais agirão como fazedores-de-verdade, mas a declaração se refere até a gatos futuros, que não existem ainda – um pouco menos robusta do que uma situação real.
- "Não tem nenhum gato no meu capacho" – aqui fica claro que o capacho está desocupado, mas não está claro por que esse fato tem algo a ver com gatos.

Defensores da ideia do fazedor-de-verdade estão no momento trabalhando arduamente para tentar dar conta desses casos mais complicados de modo que possam reter uma ideia forte da verdade como uma relação bem-sucedida entre a mente e a realidade.

O gato deitado no capacho é o fazedor-de-verdade para a frase "O gato está no capacho". Se o gato fosse retirado, a frase não seria mais verdadeira.

SÓCRATES E PLATÃO
(450-347 a.C.)

Sócrates (469-399 a.C.) revolucionou a Filosofia grega quando introduziu um novo tópico. Esqueçam a essência da natureza, disse ele. A pergunta importante é: como os humanos deveriam levar suas vidas? Foi assim que a ética e a política se tornaram parte da Filosofia. Ele também revolucionou o modo como a Filosofia era conduzida. O principal objetivo era definir claramente nossos conceitos essenciais. Assim como ocorre num tribunal, os falantes são desafiados a dar sugestões e questionados a justificá-las ou admitir que estavam enganados. A disposição a admitir seus erros é vital e a *dialética* é quando uma conversa progride dessa forma com sucesso. Sócrates dizia que as virtudes do caráter são o principal objetivo na vida, e via a razão e a verdade como as ferramentas primordiais para alcançá-las. Ele é um herói para todos os filósofos porque morreu defendendo a liberdade do pensamento.

Sócrates não escreveu nada, mas suas conversas espetaculares foram preservadas por seu pupilo e amigo **Platão** (427-347 a.C.). Platão fundou uma escola em Atenas, a Academia, e outras escolas filosóficas rivais também emergiram. Seus livros assumem a forma de diálogos e a maioria aborda tentativas de definir conceitos importantes – tais como conhecimento, justiça, coragem, o ser e a virtude. Platão aceitou a maioria dos ensinamentos de Sócrates, mas também acrescentou alguns de sua própria autoria, especialmente sua *Teoria das Formas* (ou *Ideias*). Ele disse que os grandes ideais – como Bondade, Beleza, Verdade e Números – não são meras convenções humanas (*nomos*), mas sim fundações eternas e imutáveis da natureza. A meta da *dialética* é ascender do mundo superficial das aparências e alcançar a sabedoria compreendendo as Formas. Em seu grande livro, *A República,* ele diz que as pessoas que seguem esse caminho não apenas são boas filósofas, mas também deveriam ser as governantes da sociedade. Quase todo tema importante da Filosofia ocidental é discutido em algum ponto dos escritos de Platão, e esses livros são a fundação da disciplina (em parte por terem sobrevivido).

Sócrates argumentava que os filósofos deveriam estudar como os humanos deveriam levar suas vidas.

SÓCRATES E PLATÃO

CAPÍTULO TRÊS
RAZÃO

- Conversação
- Lógica
- Raciocínio científico
- Raciocínio filosófico

- INDUÇÃO
- PREVISÃO
- FALÁCIAS
- MÉTODO SOCRÁTICO
- CIÊNCIA
- FILOSÓFICO
- RACIOCÍNIO
- DIALÉTICA
- LÓGICA
- SILOGISMOS
- MODELO LÓGICO
- LÓGICA DE PREDICADOS
- LÓGICA PROPOSICIONAL

INVESTIGAÇÃO POR MEIO DA CONVERSAÇÃO

A maior aspiração da Filosofia é ser plenamente racional. Em seus estágios iniciais, a investigação ocorria principalmente por meio da conversa; por isso, técnicas de argumentação foram investigadas. O primeiro passo vital foi o direito de desafiar afirmações vagas ou dúbias, e ficou claro que a contradição estava no cerne da racionalidade. Nenhuma lei de pensamento é mais básica do que a *não contradição*: não podemos dizer simultaneamente que uma premissa é verdadeira e falsa.

Não contradição

Se eu digo "P" e você diz "Não P", não podemos estar ambos corretos.

Se as duas partes de uma conversa aceitam esse princípio e têm humildade o suficiente para admitir que estão enganadas em algum ponto, então pode haver progresso por meio de uma troca repetida de perspectivas e objeções. Com a prática, esse procedimento – chamado *dialética* – pode avançar imensamente nossa compreensão filosófica.

DIALÉTICA ▶ *Progresso por meio da repetida troca de perspectivas e objeções.*

Para começar, a dialética significava simplesmente "conversação", mas sua importância foi aumentando gradualmente. O que importa é uma *boa* conversa, e esta deve ser interessante e focada, levando a algum lugar. Grandes conversas conduzem à sabedoria, o que exige que as pessoas estejam engajadas em raciocinar, em vez de apenas trocar pontos de vista.

CAPÍTULO TRÊS

Sócrates usou o mecanismo da dialética para avançar a compreensão filosófica.

O método socrático

Método socrático

Mas por onde começar? Sócrates (conforme relatado por seu pupilo, Platão) percebeu que devemos começar pelo que as pessoas acreditam de fato, e desenvolveu um método de interrogação (o *método socrático*), construído sobre as bases da dialética. Pergunte a alguém suas opiniões sobre um conceito importante – como a justiça, a coragem, a lei, o conhecimento, a amizade ou a beleza – e então convide a pessoa a defini-lo. Ofereça-lhe exemplos que não se encaixam na definição da pessoa e peça-lhe que o redefina. Em algum momento, a pessoa chegará a um ponto em que haverá contradição, e deverá portanto retornar às suas pressuposições e ir mais fundo.

> **Os Diálogos de Platão**
> Platão escreveu cerca de 30 diálogos apresentando o método socrático, a maioria deles apresentando Sócrates. Os mais famosos entre eles incluem:
>
> • Apologia
> • Górgias
> • Fédon
> • A República
> • O Banquete
> • Timeu

O resultado frequente desses famosos diálogos de Platão é uma compreensão mais profunda do assunto, amiúde combinada com um pouco de confusão impossível de resolver.

MÉTODO SOCRÁTICO ▶ *Um método de investigação que envolve pedir a alguém que defina um conceito importante e então fornecer exemplos que não se encaixam naquela definição, forçando a pessoa a fazer uma nova definição.*

RAZÃO

Aristóteles, um pupilo de Platão, foi muito além em sua análise do funcionamento do pensamento racional. Na Academia de Platão, ele ouvia com muita atenção os argumentos em curso, anotando padrões de raciocínios bem ou malsucedidos. Sua percepção brilhante foi ver que era possível deixar de fora os detalhes e apenas descrever os padrões, em grande parte designando letras para seus elementos, como fazemos em álgebra. Ele percebeu as regras simples utilizadas pelos participantes nas discussões e então explorou as várias formas em que as regras poderiam ser usadas para conectar e transformar os padrões. Desse modo, ele inventou sozinho a lógica formal.

No método socrático, uma pessoa é interrogada acerca de sua definição para determinada ideia, empurrando todos na direção da verdade.

Aristóteles

Aristóteles (384-322 a.C.) veio do norte da Grécia ainda adolescente para estudar na Academia de Platão, em Atenas. Ele estudou lá por vinte anos antes de sair para fundar sua própria escola de Filosofia, o Liceu. Ao longo de sua vida, ele teve grande influência em campos tão diversos quanto a Biologia, a Retórica, a Política, a Ética, a Teologia e a Psicologia.

CAPÍTULO TRÊS

LÓGICA

Silogismo — A base da lógica de Aristóteles é o *silogismo*, que apresenta um par de afirmações e então infere uma terceira afirmação a partir delas. Assim, se considerarmos as duas declarações:

UM SILOGISMO ▶ Apresenta um par de afirmações e então infere uma terceira afirmação a partir delas.

Vemos que os três silogismos têm o mesmo padrão. Repare que, no último exemplo, devemos concluir que Napoleão era um peixe (o que ele não era). Todos os três silogismos acima são *válidos*, porque os passos do raciocínio são adequados. No terceiro caso, contudo, as duas primeiras afirmações (as *premissas* do argumento) são falsas, e sua conclusão também é. Repare também que se nossas premissas são:

RAZÃO

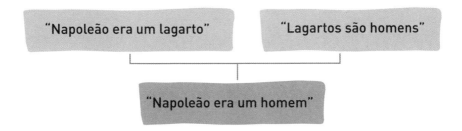

A partir disso, podemos inferir corretamente a verdade de que Napoleão era um homem (apesar de começar com duas declarações falsas). Precisamos, portanto, distinguir claramente entre declarações verdadeiras e argumentos válidos. Se você acredita em coisas sem sentido, pode tanto inferir validamente algo verdadeiro como algo sem sentido dessas premissas.

ARGUMENTOS VÁLIDOS ▶ *Argumentos bem fundamentados nos quais premissas verdadeiras sempre produzirão uma conclusão verdadeira.*

Verdade e ***validade*** são conceitos bem diferentes, mas podemos usar a verdade para definir a validade. Um padrão de argumento é válido se premissas verdadeiras sempre implicarem uma conclusão verdadeira. Um argumento é claramente inválido se premissas verdadeiras puderem produzir uma conclusão falsa. Mentirosos e malandros podem argumentar de forma válida, mas, se partirem de declarações falsas, não temos como saber se suas conclusões são verdadeiras ou falsas.

Validade

O que interessa aos filósofos é que, se a pessoa tiver certeza de que suas premissas são verdadeiras e aplicar um padrão de argumento sabidamente válido, isso garante a verdade da nova conclusão, mesmo que a pessoa nunca tenha pensado nisso antes. Aristóteles identificou 256 padrões de silogismo e decidiu que apenas dezenove deles eram válidos.

Lógicos modernos modificaram algumas das descobertas de Aristóteles, mas sua descoberta básica continua imutável: que uma imensa variedade do raciocínio humano pode ser reduzida a alguns padrões e nós podemos demonstrar se eles são válidos ou não sem mergulhar nos detalhes. Os computadores podem, assim, lidar com muitos pensamentos lógicos (desde que os padrões sejam precisos) e o método do silogismo foi um encaixe excelente. Dessa forma, Aristóteles criou uma nova ferramenta potente para o raciocínio, a qual se juntou aos métodos da dialética e ao método socrático.

CAPÍTULO TRÊS

Lógica proposicional

Os silogismos de Aristóteles analisam os relacionamentos entre os dois componentes (ou termos) de frases simples, tendo o formato "a é Y" (p. ex., "árvores têm raízes"). Mas também raciocinamos sobre frases completas, sobre relacionamentos e sobre possibilidades. Os antigos estoicos investigaram a relação entre frases completas. Grande parte de suas obras se perdeu, mas o sistema completo (chamado de lógica proposicional ou sentencial) foi aprimorado e esclarecido por George Boole no século XIX.

> **LÓGICA PROPOSICIONAL ▶ O sistema lógico de relações entre frases completas.**

Tabelas de verdade

As conexões lógicas entre frases foram reduzidas a um grupo bem pequeno (cuidando para que "mas", por exemplo, tivesse o mesmo significado lógico de "e" e "não"), dando então a esses elementos conectivos definições precisas. Se começarmos com duas frases, P e Q, então:

- P-*e*-Q é verdadeira apenas se ambas forem verdadeiras
- P-*ou*-Q é verdadeira se ao menos uma delas for verdadeira
- *não*-P é verdadeira se P for falsa
- *se*-P-*então*-Q é verdadeira se uma P verdadeira nunca puder implicar uma Q falsa.

Se acrescentarmos V e F para "verdadeira" e "falsa", podemos colocar as definições em uma **tabela da verdade**.

George Boole esclareceu o sistema de lógica proposicional, fornecendo definições precisas para uma variedade de operadores lógicos.

Os símbolos formais para os conectivos são:
. para "e"
V para "ou"
¬ para "não"
→ para "se... então"

46

RAZÃO

	P	Q	P.Q (P e Q)	PvQ (P ou Q)	¬P (não-P)	P→Q (se P, então Q)	
dados	V	V	V	V	F	V	resultados
	V	F	F	V	F	F	
	F	V	F	V	V	V	
	F	F	F	F	V	V	

Isso nos dá a linguagem da lógica proposicional, que é a lógica mais fácil de se compreender. Ela é utilizada em eletrônicos, com "1" e "0" substituindo "V" e "F", para ligar e desligar circuitos automaticamente. Quando esses conectivos são definidos, é possível provar uma combinação de afirmações, construídas sobre a base dessas verdades simples. Na lógica, é possível provar que uma afirmação é verdadeira demonstrando que, se presumirmos que ela é falsa, acabaremos com uma contradição nas mãos. Portanto, se presumirmos que "humanos são peixes", isso implica que nós temos barbatanas – mas sabemos que não temos barbatanas, portanto partimos de uma presunção falsa.

Lógica de predicados

Com uma boa lógica de frases definida, ainda precisamos de uma lógica que descreva o raciocínio matemático. Gottlob Frege forneceu essa lógica em 1879. Números e outras entidades eram tratados como *objetos*, que tinham várias propriedades (ou **predicados**, nos termos linguísticos). Letras eram usadas para representar essas propriedades.

"a, b, c..." representam objetos *fixos*

"x, y, z..." representam objetos *variáveis*

"F, G, H..." representam as *propriedades* dos objetos

(O suprimento de letras pode continuar indefinidamente, com a1, a2, a3... e x1, x2, x3...)

Gottlob Frege

Gottlob Frege criou um sistema de lógica para descrever o raciocínio matemático.

Se escrevermos "Ga", isso significa que o objeto *a* tem a propriedade G. Se escrevermos "Gx", isso significa que algum objeto *x* tem a propriedade G.

Os conectivos da lógica proposicional estão incluídos no novo sistema. Portanto, se escrevermos Gx → ¬Hy, isso nos diz que: "se x é G, então y é não H" (p. ex., "se a porta está trancada, então o quarto não está frio").

Um **domínio** de objetos é especificado ou presumido (como as portas de um edifício ou os números primos). Mais dois símbolos são acrescentados para dizer se uma declaração se refere a todos do domínio ou se a apenas parte dele.

CAPÍTULO TRÊS

- O símbolo ∀ é o *quantificador universal*, e "∀x" é lido como "para todos os x...".
- O símbolo ∃ é o *quantificador existencial*, e "∃x" é lido como "existe ao menos um x em que...".

Usando essa linguagem, podemos encontrar em escritos filosóficos mais técnicos uma fórmula como esta:

$$\forall x\ \exists y((Fx.Gx) \rightarrow Hy)$$

lida como "para todos os x, existe pelo menos um y, de forma que, se os x forem F e G, então y é H". Por exemplo: "se o time todo está em forma e saudável, então pelo menos um dos fãs está feliz" (em que x é um membro do time e y é um fã).

Dominando os símbolos

Para os recém-chegados, essa linguagem simbólica pode parecer assustadora, mas ela é necessária para os aspectos mais precisos da Filosofia analítica. A pessoa deve primeiro dominar os símbolos, para depois aprender a fazer a tradução entre essa linguagem simbólica e a linguagem cotidiana. Para avançar, é preciso fazer demonstrações e descobrir até onde essas provas podem levar você. Todavia, poucos filósofos podem passar seu tempo fazendo demonstrações. A lógica dos predicados é usada principalmente para expressar declarações com precisão e para eliminar ambiguidades.

Lógica clássica

Assim que a lógica dos predicados se assentou, tornou-se tão útil e confiável que atualmente se referem a ela como "lógica clássica", e ela é inclusive defendida como o único sistema correto para o pensamento lógico. Ela depende de tratar o mundo como um conjunto de objetos com propriedades e depende (crucialmente) do fato de toda proposição ser verdadeira ou falsa. Em conversas habituais, contudo, isso é errado, pois alguns objetos e predicados são vagos, e pode não ser claro se uma proposição perfeitamente boa é verdadeira ou falsa (e às vezes uma proposição pode até ser as duas coisas). Variantes antagônicas da lógica clássica foram criadas para tentar lidar com esses problemas.

Lógica modal

Lógica modal

Existem lógicas boas para frases e para objetos com propriedades, mas outras áreas do raciocínio lógico ainda precisam ser formalizadas. As relações entre objetos podem ser acrescentadas à lógica dos predicados, permitindo-se um termo como "Lxy", que pode significar "x está à esquerda de y", de modo que podemos escrever "Lxy→Ryx" ("... então y está à direita de x").

Uma área importante do pensamento filosófico é a ***modalidade*** – ideias a respeito do que é possível, impossível ou necessário. Para isso, a ***lógica modal*** foi criada, introduzindo símbolos para "necessário" e "possível":

> □ significa "necessário"
> ◇ significa "possível"

"Necessariamente verdadeiro" é o mesmo que "possivelmente não falso", e "possivelmente verdadeiro" é o mesmo que "não necessariamente falso", então □ e ◇ podem ser definidos em termos relativos um ao outro, e "impossível" é o mesmo que "possivelmente não verdadeiro". Esses símbolos podem ser anexados a termos simples, como Gx, cujo significado é "algo pode ser G", ou a frases completas, como ∃x(Gx.Hx), significando "deve existir um x que seja tanto G quanto H". O uso desses novos símbolos, traduções precisas de frases modais e demonstrações relativas a elas pode prosseguir exatamente como se faz na lógica dos predicados.

Semântica

Um aspecto importante da lógica modal é sua interpretação em termos de mundos possíveis. Todo sistema de lógica tem uma linguagem formal e uma semântica, que é o modo como V e F são aplicados à linguagem. As tabelas de verdade na página 47 dão a semântica normal para a lógica proposicional.

Quando dizemos "burros podem falar", na lógica, expressamos isso como "Existe um mundo possível em que os burros falam".

- Se dissermos: "É possível que burros consigam falar", a expressão padrão disso é: "Existe um mundo possível em que burros falam".
- Se dissermos: "Quadrados devem ter quatro vértices", estamos dizendo: "Quadrados têm quatro vértices em todos os mundos possíveis".

As relações entre os mundos possíveis podem ser definidas de diversas formas, conduzindo a diferentes sistemas de lógica modal, cada um com pontos fortes distintos, adequados ao raciocínio a respeito de tópicos diferentes, tais como o tempo ou as obrigações. Embora a moldura dos mundos possíveis seja obviamente excelente para a lógica, ela é controversa na Filosofia. A despeito disso, é inegavelmente útil quando estamos tentando esclarecer a conversa do que é necessário ou possível.

CAPÍTULO TRÊS

RACIOCÍNIO CIENTÍFICO E AVALIAÇÃO DE EVIDÊNCIAS

A racionalidade é composta por muito mais do que a mera lógica. O mais importante é a avaliação de evidências. Até os outros animais avaliam evidências quando estão à procura de um lar e comida ou evitando perigos. Grandes detetives são especialistas em avaliar detalhes nas evidências, e isso é altamente racional, mesmo quando eles lutam para traduzir em palavras ("há alguma coisa errada aqui"). Nossas maiores realizações na avaliação racional de evidência são as ciências naturais.

A avaliação de evidências é altamente racional, mas isso não é o mesmo que lógica.

Indução e natureza

Indução

Para os cientistas, a principal evidência são os padrões de atividade no mundo natural. Um único evento pode ser apenas uma coincidência (quando um cão encontra um gato), e determinada característica de um objeto pode ser apenas um acidente (uma aranha com cinco pernas). É a repetição de certos tipos de evento ou uma característica comum a todos os objetos de um mesmo tipo, ou semelhanças regulares entre eventos ou características, que podem nos revelar mais sobre a natureza. Se decidirmos que alguma repetição na natureza aponta para uma verdade geral ou universal, esse raciocínio é chamado de ***indução***. Podemos dizer que "a gravidade nos puxa em direção ao centro da Terra", e que "o relâmpago cai de céus tempestuosos", e ambas as afirmações derivam de muitas observações feitas ao longo de um extenso período. Depois de inumeráveis casos de relâmpagos emergindo de nuvens, a razão nos diz que esse é sempre o caso, e isso pode até ser um tipo de lógica.

Observar muitas ocasiões em que ocorrem relâmpagos pode nos dizer que eles sempre vêm de céus tempestuosos.

Se pensarmos na indução apenas como "aprender com a experiência", ela é eminentemente sensata. Seria bom para a ciência se a indução fosse mais precisa, como a lógica, mas isso leva a problemas muito conhecidos. Por que é que "podemos tirar uma dedução de mil objetos que não conseguiríamos tirar de um" (perguntou David Hume em 1748)? Nenhuma lógica rigorosa pode nos dizer quantos relâmpagos precisamos observar antes que possamos aceitar a regra geral. Mesmo depois de milhares de observações, ainda podemos estar enganados, já que há a possibilidade de deixarmos de olhar para o quadro geral.

O poder da previsão

Um acréscimo útil à indução é, portanto, o poder da *previsão*. Se pudermos prever quando o relâmpago cairá (ou quando ocorrerão terremotos), isso é mais impressionante do que o mero acúmulo de observações. Entretanto, isso ainda não é tão exato quanto a lógica, pois podemos prever algo se simplesmente estivermos habituados a esperar por esse algo – como acontece quando um pedestre local passa com regularidade diante da sua janela. As previsões impressionantes são aquelas complexas e surpreendentes, porque isso implica compreensão genuína, e não um hábito criado pela repetição. Prever a passagem do cometa Halley (a intervalos de 76 anos) é fácil – mas prever o próximo terremoto seria um grande triunfo do raciocínio a partir de evidências.

É muito mais difícil prever o próximo terremoto do que prever a passagem do cometa Halley.

Compreender terremotos exige mais do que registrar o padrão de suas ocorrências ao longo do tempo. Temos uma teoria de placas tectônicas bem-sucedida, somada às informações de que dispomos sobre a geologia terrestre e teorias matemáticas da mecânica. As realizações da ciência resultam de conexões amplas e, assim, a lógica exata da indução agora parece ser uma dificuldade menor. A explicação é o que importa, em vez da mera repetição, e descobrir uma história que se encaixa com um amplo padrão de informações diversas é o alvo real. Boas previsões são um subproduto útil e um modo de testar a teoria.

RACIOCÍNIO FILOSÓFICO

As evidências são importantes para os filósofos devido ao conhecimento da realidade, e a lógica é importante pela precisão. No entanto, os filósofos desenvolveram seus próprios estilos de raciocínio, a começar pelas técnicas conversacionais da *dialética* e do *método socrático*.

CAPÍTULO TRÊS

Paradoxos

Paradoxos são quebras no raciocínio, que estimulam um novo pensar. O paradoxo de *O Mentiroso* diz respeito à verdade da frase "esta frase é falsa". Pensar um pouquinho sobre isso nos mostra que, se ela for verdadeira, então deve ser falsa – mas, se ela for falsa, então deve ser verdadeira. Isso foi uma charada estranha por dois mil anos, que acabou estimulando Alfred Tarski (ver na página 34) a produzir sua nova teoria da verdade. O paradoxo de *O Monte* diz que um grão de trigo não é um monte, nem dois, mas, se continuarmos acrescentando grãos, teremos um monte – contudo, qual grão causou esse efeito? O raciocínio sobre objetos vagos, como nuvens e cabeças carecas, tende a se concentrar nesse paradoxo. O paradoxo de *A Loteria* diz que, se você for um dos milhões de pessoas a comprar um bilhete de loteria, terá então evidências esmagadoras de que não vai ganhar o prêmio, mas, ainda assim, não há como saber que não vai ganhar. Quem estuda conhecimento e justificação acha isso intrigante.

Qual grão cria o monte?

> **FALÁCIAS NO RACIOCÍNIO**
> - Se a sua explicação sempre requer mais esclarecimentos, isso é um **regresso infinito**.
> - Se a sua explicação toma como certa a própria coisa que está sendo comentada, você está usando uma **petitio principii** (petição de princípio), uma retórica circular que pretende comprovar a verdade de uma tese, partindo da premissa de que essa conclusão é verdadeira.
> - Se você usa B para explicar A, e depois usa A para explicar B, você tem culpa de usar um argumento circular ou **circularidade**.
> - Se você ataca meus pontos de vista por meio de ataques ao meu caráter, essa é a **falácia ad hominem**.
> - Se você pergunta onde a felicidade está localizada em uma cerimônia de casamento, provavelmente é culpado de um **erro de categoria**.

Filósofos perguntam regularmente: "o que acharíamos se...", seguido de uma situação envolvendo uma teoria que lhes é querida. Isso é um *exercício intelectual*, dos quais muitos são famosos.

- Como você se comportaria se um anel de invisibilidade tornasse possível cometer crimes impunemente?
- O que você acharia se alguém muito pobre e analfabeto subitamente adquirisse a mente cheia de conhecimentos de um príncipe?
- O que você faria se pudesse desviar um bonde desgovernado para matar uma pessoa de modo a salvar outras cinco?

Cada caso é construído para testar uma perspectiva particular de moralidade ou identidade pessoal.

Os detalhes podem ser ajustados, como num exercício de Física, para ver como isso afeta as conclusões.

> **EXERCÍCIO INTELECTUAL ▶ Considera um cenário potencial e analisa as consequências.**

Talvez o mecanismo mais comum no argumento filosófico seja o *contraexemplo*, que enfraquece algo que seja aceito como uma verdade geral. Se eu defendo a Regra de Ouro moral ("trate os outros como você gostaria de ser tratado"), você pode sugerir me presentear no Natal com algo que você mesmo gostaria de ganhar, em vez de algo que eu gostaria. Quando filósofos da linguagem disseram a Hilary Putnam que todos os significados ocorriam na mente dele, ele disse que usava a palavra "olmo" sem conhecer seu significado exato, que ele deixava por conta dos especialistas em árvores. A percepção desse tipo de caso problemático é uma habilidade importante na Filosofia.

Hilary Putnam

> **O CONTRAEXEMPLO ▶ Usado para enfraquecer as chamadas "verdades gerais".**

Você pode usar a palavra "olmo" sem conhecer seu significado exato, que apenas os especialistas em árvores conhecem.

ARISTÓTELES, OS CÍNICOS E OS CIRENAICOS
(380-320 a.C.)

Aristóteles (384-322 a.C.) chegou ainda adolescente à Academia de Platão, em Atenas, e estudou lá por vinte anos, tornando-se um dos maiores e mais versáteis filósofos. Um passo fundamental para isso foi a rejeição à Teoria das Formas de seu professor, em favor da natureza sendo guiada pelas *naturezas essenciais* de seus diversos componentes. Ele estudou os animais e fundou a ciência da Biologia. Inventou sozinho a lógica formal, demonstrando as estruturas de argumentos bem-sucedidos como conjuntos de *silogismos* de três linhas. Seu livro, *Ética*, é o melhor que temos a respeito das virtudes humanas. Seu *Política* explorou os tipos de constituição e defendeu a democracia de sua época. Ele escreveu um livro de Física (no qual rejeitou o atomismo) e seu *Da alma* é um estudo sobre a mente (considerando-a como a essência do corpo).

Depois da Academia, ele se tornou o tutor pessoal do jovem Alexandre, o Grande, fundando a seguir sua própria escola, o Liceu. Ele era venerado na era medieval e conhecido como "o mestre daqueles que sabem". Na Renascença, seu status caiu bastante por causa de seus erros científicos, mas ele é visto agora como um dos grandes filósofos.

Os principais seguidores de Sócrates foram os platônicos, mas os cínicos se impressionaram com seu estilo de vida simples e sua atitude altamente crítica em relação a seus concidadãos. **Diógenes de Sinope** (*c.* 412-323 a.C.) foi uma figura notória na Grécia Antiga, levando uma vida de pedinte de maneira pública e despudorada, mudando-se de cidade em cidade e chamando a si próprio de "cidadão do mundo". Em Atenas, ele morou em um barril de vinho na feira da cidade. Ele era um filósofo sério que desejava, primordialmente, que as pessoas pensassem de modo mais crítico.

O debate moral se concentrou nas alegações antagônicas de prazer e virtude, e os cirenaicos eram os defensores do prazer. **Aristipo, o Velho** (*c.* 455-356 a.C.), e seu neto, **Aristipo, o Jovem** (*c.* 380-? a.C.), defendiam que qualquer um conseguiria ser virtuoso, mas, para a maioria de nós, o que importa é o nosso próprio prazer.

ARISTÓTELES, OS CÍNICOS E OS CIRENAICOS

Diógenes de Sinope levou a vida como andarilho, fazendo seu lar em uma enorme jarra de vinho de argila.

CAPÍTULO QUATRO
EXISTÊNCIA

- Ontologia
- Objetos
- Mudança
- Realismo x antirrealismo

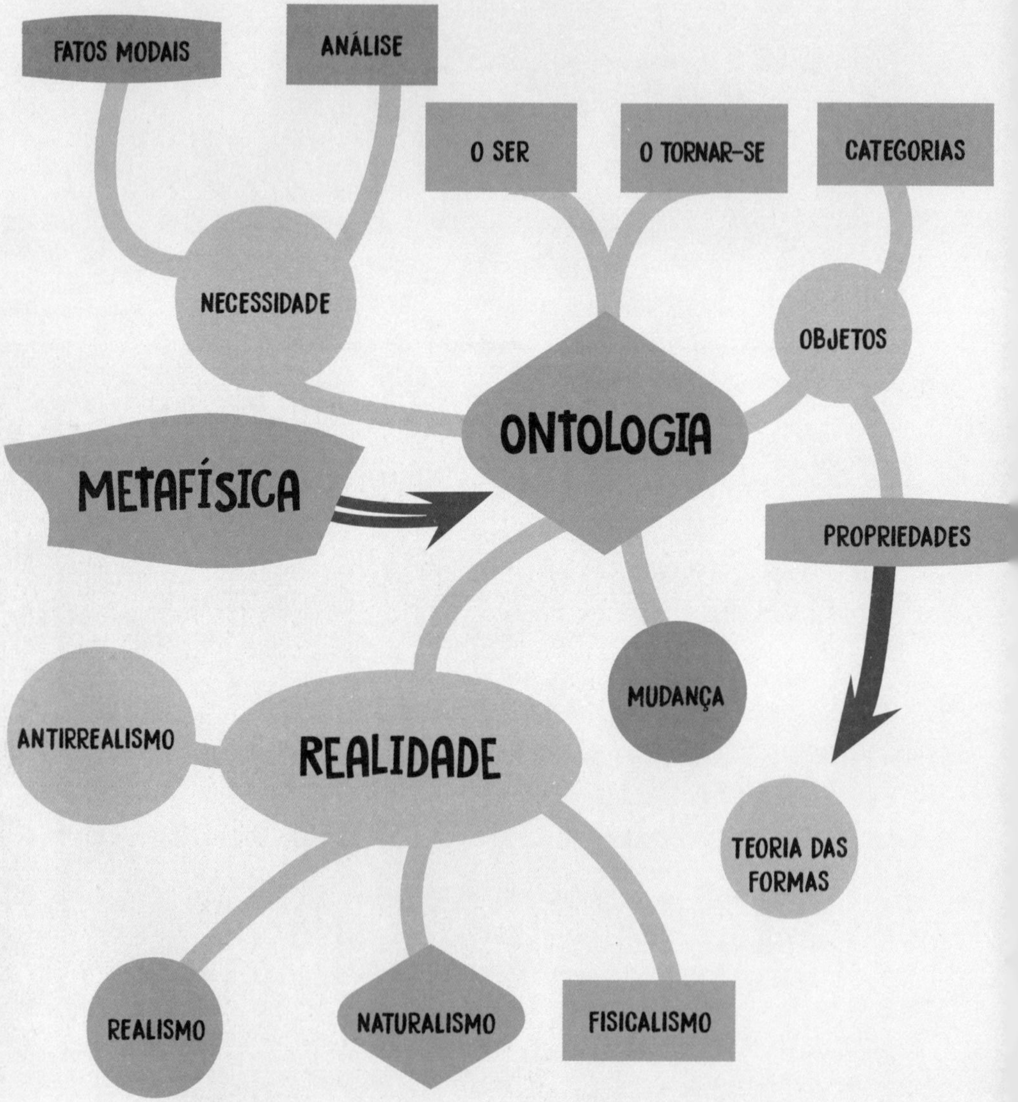

FATOS MODAIS

ANÁLISE

O SER

O TORNAR-SE

CATEGORIAS

NECESSIDADE

OBJETOS

METAFÍSICA

ONTOLOGIA

PROPRIEDADES

MUDANÇA

ANTIRREALISMO

REALIDADE

TEORIA DAS FORMAS

REALISMO

NATURALISMO

FISICALISMO

ONTOLOGIA – O ESTUDO DA EXISTÊNCIA

A Filosofia se ocupa de verdades gerais e a *Metafísica* se concentra nos aspectos mais gerais do nosso entendimento. A Metafísica cobre as pressuposições da Física, tais como tempo, espaço, objetos e leis; as pressuposições de questões humanas, tais como a mente, indivíduos e valores; nossas crenças a respeito do sobrenatural e qualquer propósito último na existência.

> **METAFÍSICA ▶** Cobre as pressuposições da Física, tais como tempo, espaço, objetos e leis; as pressuposições de questões humanas, tais como a mente, indivíduos e valores; nossas crenças a respeito do sobrenatural e qualquer propósito último na existência.

Um tópico mais restrito, mas ainda vasto, é a *Ontologia*, que é o estudo da existência em si. O puro fato de que qualquer coisa exista é tão óbvio a ponto de não exigir comentário, ou tão estranho a ponto de induzir o pânico. Os filósofos não esperam explicar a existência, mas sim investigar o assunto até alcançarmos os limites do que pode ser dito a respeito.

Parmênides fez a primeira tentativa séria de abordar o problema da existência em um poema do qual apenas alguns fragmentos sobreviveram até os dias de hoje. A primeira parte, que explica a verdadeira natureza da realidade, está bastante completa; da segunda parte, no entanto, falando sobre as ilusões da experiência, apenas alguns trechos chegaram até nós.

Parmênides

A filosofia de Parmênides chegou para nós apenas como uma série de fragmentos de um poema.

CAPÍTULO QUATRO

Gottfried Leibniz questionou por que existe qualquer coisa.

O SER

O Ser é a essência do que é existir. Ele foi descoberto em contraste com o não Ser; pela necessidade de que algo deve existir; pelo aspecto imutável do Ser que contrasta com o Tornar-se; e pela unidade que o Ser parece ter, sob sua variedade superficial. Platão acrescentou a ideia de que o Ser deve certamente ser ativo, porque de outra forma não estaríamos cientes dele.

Essa questão suprema do Ser progrediu pouco nos tempos antigos, mas Leibniz (em 1697) achou que valia a pena perguntar: "Por que existe algo em vez de nada?". Sua resposta envolvia Deus, mas físicos cosmólogos modernos também julgam que essa seja uma questão digna de investigação no campo da Física. A questão do Ser em si ressurgiu na escola continental de Filosofia após 1800. Heidegger, em 1927, deu ao tópico do Ser um novo estímulo ao introduzir o conceito de *dasein*, que é o modo de existência autoconsciente característico experimentado pelas pessoas.

OBJETOS

Quando Aristóteles abordou esse problema, concluiu que a existência de objetos era um tópico muito mais promissor do que o Ser em si, e a maioria dos ontologistas concordou. Explicar a natureza dos objetos pode ao menos se aproximar do mistério central da existência. Objetos exibem uma enorme variedade.

Objetos requerem:
• unidade
• comportamento característico
• um tipo particular

Aristóteles explicou todos esses três fatos presumindo que todo objeto tem uma *essência* (o "o que será" daquele objeto em particular).

EXISTÊNCIA

- Dá a ele a unidade necessária
- Corrobora seus poderes causais

ESSÊNCIA

- Dita que tipo de coisa é o objeto

OBJETOS ▶ *Possuem uma essência, atributos e requerem unidade, comportamento característico e um tipo particular.*

Aristóteles argumentou que podemos explicar a unidade, o comportamento e o tipo de um objeto ao identificar sua essência.

Cada objeto tem um conjunto de *atributos* (ou propriedades), que existe apenas como aspectos desses objetos. Alguns aspectos são essenciais ao objeto e outros são *acidentais*. Essas naturezas essenciais dos objetos produziram o comportamento da natureza. Cientistas aristotélicos explicaram a natureza mostrando as essências das coisas, em vez de dar explanações modernas por meio de leis comuns.

CAPÍTULO QUATRO

Essa descrição aristotélica dos ingredientes da existência exerceu uma influência gigantesca, e foi o ponto de vista predominante até a ascensão da ciência moderna. Para Aristóteles, uma criatura viva é o objeto mais óbvio, por ser tão unificada; mas os objetos inanimados apresentam todo tipo de problema para os metafísicos:

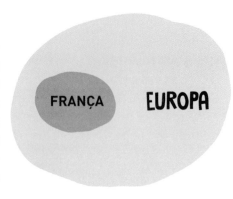

- Uma bicicleta é um objeto, mas deixa de ser esse objeto se você a desmontar – mesmo que você a reconstrua em seguida?
- Um objeto pode se sobrepor a outro? A França e a Europa são objetos (já que a França faz parte da Europa)?
- Um exército é um objeto mesmo tendo uma multidão de partes mutáveis?
- Um elétron é um objeto mesmo que sua localização seja definida pela estatística, em vez de por fronteiras?

Uma abordagem moderna rejeita totalmente a perspectiva de Aristóteles e afirma que qualquer componente pode ser considerado um objeto, não importa o quanto estiver espalhado, se escolhermos pensar dessa forma. Outra abordagem diz que qualquer seção de espaço-tempo pode ser tratada como um objeto e, quando desafiada com a natureza vaga dos elétrons, é tentador abandonar por completo o conceito de "objeto". A palavra moderna também teve seu significado ampliado, e entidades abstratas, tais como números, são frequentemente tratadas como objetos.

Uma abordagem moderna dos objetos declara que um objeto pode ser composto de vários elementos, mesmo quando espalhados.

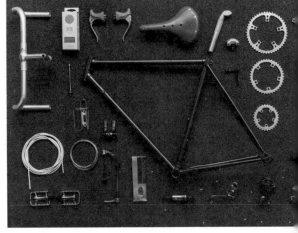

EXISTÊNCIA

Propriedades

O conceito convencional de um objeto físico trata-o como uma entidade subjacente, cujas propriedades anexadas lhe fornecem seu caráter visível e individual. Entretanto, metafísicos modernos julgam essa imagem um tanto confusa.

Se todas as propriedades se anexam ao que lhes sustenta (o *substrato* do objeto), isso implica que o substrato não tem propriedades próprias – então, qual é a verdade? Objetos não podem existir sem propriedades. Sem um substrato, um objeto é apenas uma porção de propriedades. Mas quais são as propriedades e o que prende essas propriedades em uma única porção unificada? Nenhuma solução parece satisfatória.

Substrato

Mesmo assim, todos compreendemos que um objeto vermelho, pesado e quente possui algumas propriedades, e podemos discutir essas propriedades independentemente do objeto, porque outros objetos também têm essas propriedades.

> **TEORIA DAS FORMAS DE PLATÃO** ▶ *Propriedades (e outros conceitos idealizados maiores) têm uma existência própria, mesmo quando nenhum objeto as incorpora.*

As *Formas* de Platão explicam por que podemos discutir a qualidade do vermelho sem mencionar objetos. Elas também explicam a ordem do universo porque, ao contrário do mundo físico, sua estrutura é eterna. Aristóteles achava as Formas plausíveis, porque não era claro o quanto a "vermelhidão" abstrata poderia ser incorporada a algo físico, ou como poderíamos saber o que é o vermelho se não houvesse poderes causais. Platônicos modernos às vezes defendem a existência independente da matemática, mas as propriedades físicas parecem ser mais práticas.

Formas de Platão

Contudo, aparentemente ainda percebemos certo apoio para a perspectiva de Platão em nosso uso da linguagem. O que a palavra "vermelho" significa? Ela se refere a uma cor conhecida, mas não a um exemplo específico dela. Podemos nos referir a objetos há muito tempo desaparecidos, ou a futuros objetos, ou a objetos possíveis como "vermelhos", e até mesmo nos referirmos à cor em si. A palavra precisa de um significado consistente ou não podemos falar uns com os outros. "Vermelho" é um exemplo de *universal* – uma palavra que pode aplicar um conceito a várias circunstâncias.

Um rosa pode ser vermelha, e "vermelho" é uma propriedade do objeto que pode ser discutida independentemente do objeto em si.

61

CAPÍTULO QUATRO

UNIVERSAL ▶ Uma palavra que pode aplicar um conceito a várias circunstâncias.

Se rejeitarmos o argumento de Platão de que o vermelho existe por si só, precisamos de alguma explicação sobre como isso funciona. Se é apenas uma ideia, estamos então dizendo que a propriedade "vermelho" não existe? Talvez as diferentes circunstâncias de ocorrência de vermelho não sejam as mesmas, e cada uma seja uma coisa em particular que lembra outras coisas vermelhas. Ou talvez não seja nada além da linguagem, e *propriedades* sejam apenas conversa – os predicados em nossas frases. Nesse caso, "não vermelho" é uma propriedade tanto quanto "vermelho", e "estar a três metros de um objeto vermelho" pode também ser uma propriedade.

Categorias

Em razão de o vermelho ser compartilhado por muitos objetos, podemos agrupá-los juntos, sob o título "coisas vermelhas". Grupos ou categorias assim seriam um elemento da realidade? Nem sempre, porque podemos inventar categorias, e elas podem ser bem excêntricas (como todos os objetos dentro de armários em Paris). Algumas categorias apenas refletem nossos interesses, em vez de a estrutura do mundo.

A negação de categorias reais é comum entre filósofos que enxergam a linguagem como central à Filosofia. As categorias óbvias de criaturas vivas parecem parte da natureza, por suas espécies serem tão evidentes, mas o modo como categorizamos nuvens (como *cumulus*, *nimbus* e assim por diante) é muito menos preciso, assim como quando dividimos o mar em áreas para fazer meteorologia marinha apenas para a nossa conveniência, sem indicar qualquer fronteira real. É só uma questão de palavras. Defensores das categorias naturais preferem se focar em espécies animais;

A divisão do mar em regiões para meteorologia marinha não indica fronteiras reais, apenas categorias criadas para a nossa conveniência.

HÁ TRÊS PONTOS DE VISTA SOBRE AS CATEGORIAS PERSISTENTES DA REALIDADE:
- elas não existem (e nós simplesmente as julgamos úteis);
- elas são naturais e refletem razoavelmente bem a estrutura real do mundo;
- elas refletem a estrutura de nossas mentes e não conseguimos evitar impor essa estrutura sobre as coisas.

EXISTÊNCIA

os elementos da tabela periódica parecem ser um bom argumento pelas categorias genuinamente naturais, gostemos disso ou não. Presumimos que todos os átomos de ouro sejam iguais e, portanto, sua categoria é inegável, mas críticos dizem que, na verdade, cada elétron na camada de elétrons de um átomo está em um estado diferente e nós ignoramos isso deliberadamente quando tratamos o ouro como se ele fosse perfeitamente uniforme.

Categorias de Kant:
> *Criações*
> *Limitações*

Essas categorias podem ser vistas como criações (construindo o mundo conforme o experienciamos) ou como limitações (forçando-nos a adotar um ponto de vista restrito). Por exemplo: Kant sugeriu que a unidade de um objeto vem não de sua essência secreta, mas da necessidade humana de unificar as coisas. De maneira semelhante, o fato de que o relâmpago causava o trovão não existe na realidade, mas foi imposto por nossas mentes. A ontologia se ocupa não apenas do que existe, mas também da ordem e da estrutura dentro da existência – portanto, categorias e relações são tanto de seu interesse quanto objetos e propriedades.

MUDANÇA – OS PROCESSOS DA REALIDADE

A ontologia trata objetos, propriedades e categorias como se eles fossem estáticos e atemporais, mas, na prática, a realidade muda continuamente. A resposta de Heráclito a isso foi que "não se pode entrar no mesmo rio duas vezes", sugerindo que os rios (que descrevemos como objetos) mudam demais para serem considerados entidades reais. Alguns ontologistas partiram desse conceito para observar a realidade como constituída por "processos" em vez de objetos. Até uma montanha feita de rocha maciça pode ser vista como um processo extremamente lento, conforme sofre erosão e muda.

REALIDADE ▶ *Feita de processos, em vez de objetos.*

Immanuel Kant dividiu as categorias em "criações" e "limitações".

Um objeto que muda, como uma fruta amadurecendo, parece algo bem simples na vida cotidiana, mas existem alguns enigmas no processo.

MAÇÃS ——**mudança**——▶ MAÇÃS MADURAS

MAÇÃS ——**não mudança**——▶ LARANJAS

CAPÍTULO QUATRO

Para que isso seja verdade, algo deve permanecer igual durante a mudança. Se pensarmos em uma maçã como um "substrato" com propriedades, então o substrato permanece enquanto algumas propriedades mudam; mas um substrato sem propriedades é uma entidade muito estranha. Se a maçã é apenas um punhado de propriedades, então uma mudança a torna um punhado diferente. A menos que saibamos o que faz de uma maçã uma maçã para começo de conversa, não podemos dizer se ela foi modificada ou transformada em uma não maçã.

Uma perspectiva moderna sugere que maçãs e navios ocupam períodos temporais, assim como volumes de espaço. Essa abordagem *em quatro dimensões* das maçãs as vê como verdes em um momento e maduras em outro, exatamente como elas poderiam estar amassadas de um lado e saudáveis do outro. Quando eu olho para uma maçã madura, estou vendo apenas uma parte do objeto – uma *fatia do tempo*. Nessa descrição, incentivada pela teoria da relatividade, a mudança não é um elemento de uma maçã se olharmos para ela sob a perspectiva atemporal correta.

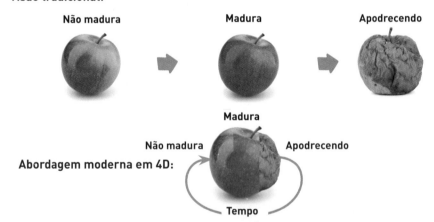

Visão tradicional: Não madura → Madura → Apodrecendo

Abordagem moderna em 4D: Não madura / Madura / Apodrecendo — Tempo

EXERCÍCIO INTELECTUAL: O NAVIO DE TESEU

O navio do heroico Teseu foi preservado em Atenas, mas a manutenção exigia que as tábuas do navio antigo fossem substituídas com regularidade. Mas será o mesmo navio, então? Objetos são compostos de partes, e aceitamos mudanças pequeninas sem discussão, mas, se mudarmos todas as partes, isso não cria um objeto novo? Se as tábuas descartadas fossem usadas na montagem de um segundo navio, seria este um candidato melhor para o posto de original? Deveríamos abandonar a ideia de que um navio é um objeto, ou insistir no fato de que apenas as partes originais constituem aquele navio em especial?

Quando o navio de Teseu recebe novas tábuas, ele permanece o mesmo navio?

EXISTÊNCIA

REALISMO X ANTIRREALISMO

Podemos formar teorias sobre aspectos da realidade fundamental, mas também formamos pontos de vista sobre a realidade como um todo.

ANTIRREALISTAS
Céticos a respeito da existência real dos objetos, das propriedades e das categorias:
- A forma forte cede às tentativas de conversar sobre a "realidade". Devemos nos contentar com a ordem e o sucesso prático em nossos próprios pensamentos, conceitos, experiências e linguagem, esquecendo-nos sobre a que eles deveriam se referir.
- A forma mais fraca permite referência à "realidade", mas diz que o modo como "talhamos a natureza nas juntas" (como diz Platão) apenas revela nosso modo de pensar, e não nos diz nada sobre as estruturas reais, que estão além da nossa compreensão.

REALISMO
Não apenas existe uma realidade, como também nossas tentativas de pensar a respeito dela cortam bem perto das juntas verdadeiras. Considerando-se essa perspectiva, asserções mais positivas podem ser feitas sobre a natureza da realidade. A maioria dos cientistas presume estar descrevendo a realidade, embora os físicos quânticos talvez tendam ao antirrealismo, aceitando qualquer coisa que os matemáticos digam.

ATITUDES EM RELAÇÃO À REALIDADE

NATURALISMO
Tudo o que existe (até onde sabemos) faz parte do que chamamos de "natureza", e não há nada sobrenatural. Isso parece uma negação direta de (por exemplo) fantasmas, que são normalmente considerados algo sobrenatural, mas podemos dizer que fantasmas também fazem parte da natureza.

FISICALISMO
Nada existe, exceto aquilo que é postulado na Física. Isso diz que absolutamente tudo é físico, mas se submete aos especialistas em Física para decidir o que, exatamente, significa "físico". A oposição mais forte a essa perspectiva é expressa pelas religiões, que estão comprometidas com um reino espiritual da realidade, mas também pela perspectiva platônica de que existe todo tipo de verdade – sobre a Matemática, a Lógica, as necessidades e até mesmo os valores morais – que se encontra fora do mundo físico. O ponto de vista de que a mente é, de alguma forma, não física também é defendido, em oposição ao fisicalismo.

CAPÍTULO QUATRO

Necessidade e possibilidades

Somando-se aos fatos ontológicos sobre a realidade, existem também os fatos modais. Eles dizem respeito ao que precisa ser verdadeiro, o que pode ser verdadeiro e o que não poderia ser verdadeiro sobre a realidade. Além das substâncias e propriedades de um objeto, podemos falar de seu *perfil modal*, significando a gama de possibilidades associadas a ele. Em uma escala maior, podemos considerar os aspectos modais da realidade como um todo, nos elementos que precisam ser verdadeiros ou falsos, independentemente de qualquer coisa.

Fatos modais — Dizemos que "Eu preciso pegar o último trem", querendo dizer que existe uma necessidade local de curto prazo envolvida. Poderíamos também afirmar grandiosamente que "toda a existência é necessariamente boa", o que (se for verdadeiro) se aplica em todo lugar, sempre. Podemos distinguir tipos de necessidades de duas formas:
- pelo escopo a que elas se referem;
- pelo que faz com que elas surjam.

FATOS MODAIS
- O que precisa ser verdadeiro.
- O que pode ser verdadeiro.
- O que não poderia ser verdadeiro.

NECESSIDADE METAFÍSICA ▶ Surge das maiores afirmações, p. ex., são verdadeiras em todos os mundos possíveis.

NECESSIDADE NATURAL ▶ Surge das leis da natureza, p. ex., a gravidade.

NECESSIDADE ANALÍTICA ▶ Surge dos significados das palavras e conceitos.

Tirando as necessidades locais, de ter de fazer uma coisa se você quiser realizar uma segunda, a principal diferença em escopo é entre a *necessidade natural* e *metafísica*. As maiores afirmações são metafísicas e as necessidades naturais são como a gravidade, parecendo ser verdadeiras "considerando-se as leis da natureza" (que podem ser diferentes em alguma outra realidade).

Trens causam necessidades locais e talvez toda realidade possível tenha necessidades metafísicas. Se P implica Q, e Q implica R, então P necessariamente implica R. Isso é uma

"Eu preciso pegar o trem" implica uma necessidade local.

necessidade lógica, porque surge da natureza da implicação, que é um elemento central da lógica. A lógica do bom senso ("quatro convidados para o almoço precisarão de quatro cadeiras") tem sua própria necessidade, assim como a clássica lógica dos predicados. Entretanto, existem muitos sistemas de lógica e cada um deles tem as próprias necessidades distintas, e uma frase que seja necessária em um sistema pode não ser necessária em outro.

NECESSIDADE ANALÍTICA

Existe também a *necessidade analítica*, que surge dos significados das palavras e dos conceitos. Um par de botas necessariamente tem duas botas, e um oceano necessariamente contém água, porque é isso o que essas palavras significam. Mas um fato ser necessário ou não pode depender da maneira como ele é descrito. Parece correto dizer "sete é necessariamente menos do que oito", mas não "o número de dias na semana é necessariamente menos que oito". O número de dias na semana *coincide* ao ser menos do que oito, mas não *tem* de ser menos do que oito (porque nós poderíamos todos trocar para uma semana de dez dias). Willard Quine disse que as necessidades *sempre* dependiam de como as descrevemos, então o conceito de necessidade é dúbio. Empíricos modernos tendem a afirmar que as únicas necessidades são as analíticas, porque as necessidades lógicas são necessidades analíticas disfarçadas, e necessidades naturais e metafísicas estão

Willard Quine era cético a respeito do conceito de necessidade, já que ele sempre depende de como a necessidade é descrita.

além da nossa experiência. Grandes afirmações metafísicas sobre a necessidade parecem depender das percepções da razão pura, que é preferida pelos filósofos racionalistas, mas que com frequência é desprezada por empíricos.

Tradicionalmente, tentar compreender os tipos de necessidades e seus diferentes exemplos tem sido a ambição mais elevada da Filosofia. Na vida real, porém, talvez as possibilidades sejam mais interessantes, enquanto as necessidades (sendo inevitáveis) são normalmente ignoradas.

A HISTÓRIA DA FILOSOFIA

Epicuro acreditava em buscar os prazeres simples para alcançar a felicidade.

EPICURISTAS, ESTOICOS E CÉTICOS
(320-100 a.C.)

Após a morte de Aristóteles, quatro escolas dominaram Atenas. A Academia preservou os ensinamentos de Platão, mas depois passou a adotar pontos de vista bastante céticos; a escola de Epicuro apostava na experiência dos sentidos e no prazer cauteloso; os peripatéticos mantinham os ensinamentos de Aristóteles e os estoicos ensinavam que apenas a virtude pura importava.

Epicuro (341-270 a.C.) rejeitou as Formas de Platão e a fé na discussão dialética e se concentrou no uso claro das palavras. Sua escola tinha como meta a felicidade na vida, por meio da busca de prazeres sensatos e racionais (especialmente a amizade), e tentava eliminar o medo da morte colocando-a em perspectiva. Em *De Rerum Natura* (*Sobre a natureza das coisas*), o poeta e filósofo romano **Lucrécio** (99-55 a.C.) dá uma imagem completa dos pontos de vista científicos epicuristas, embasados no atomismo. Esses pontos de vista dizem que os humanos são totalmente físicos, mas também tentavam preservar o conceito de livre-arbítrio, dando aos deuses um papel bem restrito.

A escola estoica foi fundada por **Zenão de Cítio** (*c.* 334-262 a.C.) e seu maior filósofo foi **Crísipo** (*c.* 279-206 a.C.), cujas obras, em sua maioria, foram perdidas no tempo. A Filosofia deles cobria tanto a natureza quanto as virtudes, além das técnicas do discurso racional. Aristóteles tinha explicado a lógica entre as partes das frases, e os estoicos acrescentaram uma lógica entre as frases completas (p. ex., se você acredita em P-ou-Q, mas não acredita em Q, você deve acreditar em P). Eles acreditavam que poderíamos alcançar o conhecimento (por meio da *apresentação* das aparências) e acreditavam na virtude pura – tanto que uma pessoa virtuosa é feliz mesmo que esteja sendo torturada. A maioria de seus escritos originais está agora perdida, mas seus ensinamentos eram populares no Império Romano.

Um dos mais famosos entre os primeiros filósofos céticos foi **Pirro de Élis** (*c.* 360-270 a.C.). Ele se especializou em argumentos negativos e produziu seus dez *modos,* que são motivos para rejeitar crenças positivas, especialmente aquelas que confiavam na percepção. Até a Academia de Platão proclamou o ceticismo quando **Carnéades** (*c.* 214-129 a.C.) foi seu diretor. Ainda temos vários livros escritos por **Sexto Empírico** (*c.* 160-225 d.C.), cheios de antigos argumentos céticos.

NATUREZA DO CONHECIMENTO

Os filósofos podem afirmar verdades com ousadia e nos contar sobre a natureza da existência, mas como eles sabem dessas coisas? Nossas vidas dependem do que sabemos, e a ciência desenvolveu conhecimentos consideráveis. Portanto, um grande tópico em Filosofia é a *epistemologia*, que busca compreender a base e a confiabilidade daquilo que julgamos saber. Geralmente, começamos com o sucesso ou fracasso de nossas crenças. Se você acredita em algo, mas está enganado, então você não sabe. Não se pode "saber" que a Terra é plana se ela não é plana. Assim, a verdade é o mínimo exigido para o conhecimento, e a maioria dos epistemólogos parte de uma ideia bem robusta da verdade.

EPISTEMOLOGIA ▶ *O estudo do conhecimento.*

Dizer: "Eu sei disso, mas não acredito nisso" parece uma contradição, então normalmente dizemos que *apenas uma crença pode ser qualificada como conhecimento.* Podemos ter informações precisas na cabeça, mas não acreditar nelas, ou podemos nem sequer compreender as informações; por isso, normalmente dizemos que o conhecimento precisa pelo menos ser uma "crença verdadeira".

Crença e conhecimento

Se a Terra não é realmente plana, é impossível saber que ela é plana.

CAPÍTULO CINCO

Se você acredita indubitavelmente em tudo o que sua mãe lhe diz e ela acerta na maioria das coisas, mas erra em algumas, então você terá muitas crenças verdadeiras e algumas falsas – mas não enxergará a diferença. Ela pode lhe ensinar 50 capitais e apenas 48 estarem corretas, mas você não saberá distinguir quais são essas duas erradas. Por causa disso, suas crenças verdadeiras serão uma questão de sorte e você não as conhecerá de verdade; por isso, o conhecimento precisa de um pouco mais do que apenas a crença verdadeira.

A maioria das discussões em epistemologia se concentra na natureza desse "um pouco mais". O conhecimento necessita de uma garantia, de modo que todos possamos concordar com ele e aceitar a autoridade dos especialistas. Podemos descobrir uma lista das capitais numa enciclopédia, mas como os autores garantem que a lista seja precisa? Será que eles visitaram todos esses países? Epistemólogos são minuciosos demais para simplesmente perguntar a um especialista, porque querem saber o que faz de alguém um especialista. Ter o status de conhecer realmente alguma coisa, ou ser um especialista, é de imensa importância na política, no jornalismo, nos tribunais de justiça e na ciência.

O mero sucesso em programas de perguntas e respostas na TV não qualifica alguém como especialista; também procuramos a "compreensão" de um tópico. Somando-se às crenças verdadeiras com boa sustentação, a compreensão exige conexões entre elas e requer as habilidades de explicar e prever. Todavia, compreender é impossível sem o conhecimento específico, e a epistemologia usualmente se concentra no conhecimento, que é um conceito mais claro.

Sucesso em um programa de perguntas e respostas na TV não faz de ninguém um especialista – é necessário ter compreensão, assim como conhecimento.

CAPÍTULO CINCO

CONHECENDO A REALIDADE

A metafísica e a ontologia nos dizem o que existe, mas como sabemos que essas afirmações estão corretas? Podemos duvidar de nossos sentidos, da nossa razão, do significado de nossa linguagem e da confiabilidade de nossos conceitos. Isso nos dá muita margem para erros. Sabemos, por exemplo, que algumas pessoas são daltônicas e que insetos enxergam cores não vistas por seres humanos, portanto, fatos sobre cores dependem em parte de quem está olhando para elas.

SOLIPSISMO
A reação mais extrema a essas preocupações é o **solipsismo**, que afirma que estou preso em um mundo mental particular e nem mesmo sei se outras mentes existem, quanto mais a realidade.

IDEALISMO
Uma visão menos extrema é o **idealismo**, que pode aceitar a existência de outras mentes, mas afirma que a realidade não pode ser mais do que a soma de nossas experiências, porque não temos nenhuma evidência além disso. A assim chamada realidade é um elemento das mentes, não um fato objetivo externo.

REALISMO REPRESENTATIVO
Realistas representativos são impressionados pela série de passos oriunda do estímulo de uma terminação nervosa, na ponta de um dedo ou no olho, até a experiência factual em um pequeno local do cérebro. Uma cadeia de eventos tão complexa não parece ter um contato muito direto com a realidade. A informação deve passar por estágios que representam a chegada dessa informação de uma forma que possa causar um impacto no pensamento consciente. Essas representações (às vezes chamadas de **dados dos sentidos**) podem representar com exatidão a realidade, mas também levantam dúvidas sobre o realismo, porque as representações precisam de interpretação e é preciso confiar sem provas.

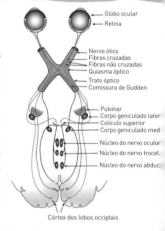

A complexa cadeia de passos desde o olho pelo sistema nervoso até o cérebro sugere um contato bem indireto com a realidade.

CONHECIMENTO

FENOMENALISMO

As perspectivas predominantes indicam que deve haver algum tipo de realidade lá fora, mas divergem sobre quão próximos estamos em contato com essa realidade. Se dissermos, junto aos idealistas, que a existência é totalmente uma questão de experiência humana, isso significa que não podemos presumir que o gato exista quando ele estiver atrás do sofá. Parece mais sensato crer que, se você olhar atrás do sofá, terá uma experiência-gato. Ou seja, o gato ainda existe, mas como experiência em potencial. Essa perspectiva, chamada de **fenomenalismo**, mantém a integridade intelectual do idealismo ao não se afastar para além da experiência, mas acrescenta o ponto de vista mais comum, o qual afirma que a existência de um gato não é intermitente. Contudo, o fenomenalismo ainda é uma forma de **antirrealismo**, porque diz que a realidade é (para nós) um construto totalmente mental.

Quando o gato está escondido, ele ainda existe, de acordo com a visão fenomenalista; portanto, deve existir algo mais além da simples experiência humana.

REALISMO DIRETO

Existem também perspectivas mais robustas da realidade. O **realismo direto** tem a percepção otimista de que a experiência realmente revela a realidade. O problema do daltonismo é solucionado dizendo que as cores são apenas um aspecto de como vivenciamos a realidade. Não dizemos que alguém perde o contato com a realidade visual se sua visão ficar prejudicada, da mesma forma que ignoramos outros modos incomuns de vivenciar a realidade. Se preenchermos a lacuna entre a mente e a realidade desse modo, então a Filosofia se aproxima muito mais do bom senso.

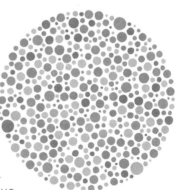

O daltonismo é um modo incomum de experiência, mas não impede ninguém de vivenciar a realidade.

CAPÍTULO CINCO

A PRIORI

Verdades a priori

Tirando nossas experiências, também conhecemos verdades da matemática, da lógica e do que deve sempre ser verdadeiro por meio do pensamento puro. Esse é um conhecimento *a priori*, o que significa algo que ou pode ser conhecido sem o envolvimento da experiência, ou cuja verdade jamais poderia ser afetada pela experiência. Para saber que 7 + 5 = 12, precisamos apenas pensar a respeito desses números, e qualquer experiência que conteste esse resultado terá de ser ignorada como um mal-entendido. Se o conhecimento for uma crença verdadeira sem sustentações, então conhecimento vindo da experiência pode oferecer evidências, mas quais bases podem ser citadas para um conhecimento *a priori*? Podemos dizer que ele é "claro e distinto" ou "autoevidente", e podemos citar "a luz natural da razão" ou a "intuição".

A PRIORI ▶ Conhecimento que não pode ser afetado pela experiência.

Proposições contraditórias

Nada é mais óbvio à razão pura do que o fato de que contradições são inaceitáveis. Se duas proposições se contradizem, ambas não podem estar corretas. Partindo daí, sabemos que algo deve ser verdadeiro se sua falsidade implica uma contradição, o que dá uma base forte para algum conhecimento *a priori*. Outras verdades a priori podem ser vistas a partir dos conceitos envolvidos. Da simetria de um quadrado vemos que sua diagonal produz dois triângulos iguais em área. Outras verdades *a priori*

Certas formas de geometria oferecem verdades a priori.

são generalidades inegáveis sobre a experiência – que atos do passado não podem mais ser mudados, ou que distâncias maiores levam mais tempo para serem percorridas.

Ideias inatas

Algumas ideias parecem ser *inatas*, o que significa que elas surgem naturalmente dentro da mente, e não são colocadas ali pela experiência. É assim que se afirma que conceitos simples de aritmética e geometria, e até mesmo ideias maiores, como o conceito de bondade ou de um ser supremo, são inatos. Se é assim, então podemos ter percepções *a priori* desses conceitos, e somos capazes

CONHECIMENTO

de inferir importantes verdades teóricas, religiosas ou morais sem referência a nenhuma evidência.

Os empíricos têm dúvidas sobre as ideias inatas (porque todo conhecimento é vivencial) e dizem que a mente apenas conecta uma experiência com a outra e "abstrai" essas ideias da experiência. Para eles, a mente está perto de ser uma ***tabula rasa*** (uma página em branco), tornando-se conhecedora apenas quando a experiência escreve nela.

Tabula Rasa

Se o conhecimento *a priori* jamais poderia ser contrariado por qualquer experiência, isso implica que ele não poderia deixar de ser verdadeiro, e que é necessário. Por um lado, algo conhecido *a priori* talvez tenha de ser necessário (por ser uma verdade de ideias puras); por outro lado, algo necessário pode apenas ser cognoscível *a priori* (porque nenhuma evidência simples poderia jamais provar uma necessidade). Isso significaria que verdades necessárias e modos de conhecimento *a priori* são muito proximamente conectados. Racionalistas, que têm muita esperança a favor da percepção racional, preferem adotar esse ponto de vista.

A POSTERIORI ▶ Conhecimento que vem da experiência.

Falibilidade

Discussões modernas têm levantado dúvidas sobre a simplicidade dessa ligação de duas vias. Sugere-se que algumas necessidades, tais como os números atômicos dos elementos, são descobertas por cientistas, e são, portanto, *a posteriori*, em vez de *a priori*.

A perspectiva *falibilista* moderna, mais cautelosa, diz que essas percepções da razão pura podem, entretanto, estar erradas, e não são uma base para conhecer necessidades. Uma visão ainda mais cética compreende o conhecimento *a priori* totalmente como uma questão de como conceitos fabricados pelo homem e

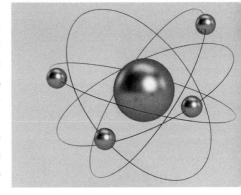

O número atômico de um elemento é uma verdade a posteriori.

a linguagem se encaixam um no outro. Se for assim, então conhecer a área dos quadrados, a relação entre os números e até verdades gerais sobre a religião e a moralidade são meramente descrições de conceitos inventados para a conveniência humana.

77

CAPÍTULO CINCO

PERCEPÇÃO

A consciência mais direta da realidade vem por meio da experiência, que depende da percepção. A visão é particularmente importante e vívida, mas o sentido do paladar varia mais entre os indivíduos, e o sentido do toque parece mais próximo da realidade. Os dois problemas principais no que diz respeito à percepção são:
- se ela nos coloca em contato muito próximo com a realidade;
- até que ponto a informação pura vinda de fora é modificada pelo processamento e pelos conceitos da mente.

Se a percepção oferece informação confiável sobre fatos externos, ela oferece uma fundação segura – mas se a informação não pode evitar uma pesada interpretação, ela precisa de uma abordagem diferente.

A percepção mais simples são vislumbres de movimento ou cor em nossa visão periférica. Entretanto, se nem mesmo começamos a identificar o objeto, referimo-nos a isso normalmente como uma *sensação*, em vez de uma "percepção", e isso não envolve conhecimento. Crenças começam com relações entre as coisas, especialmente quando acrescentamos conceitos e categorias. Porém, em uma percepção normal, não estamos cientes de que acrescentamos conceitos a ela. Se eu vir um pássaro, eu o vejo diretamente como um pássaro, o que é vivenciado como algo unificado e instantâneo. O conceito "pássaro" está enraizado em nós, mas presumivelmente foi construído em nossa linguagem pelas percepções de muitos pássaros. Em um humano adulto, os conceitos estão integrados tão próximos das percepções que mal são notados.

Observação de pássaros

Ideia preconcebida de "pássaros"

Para a maioria das pessoas, ver uma aranha é como ver um pássaro, mas pessoas com fobia de aranhas têm uma experiência diferente. Nossos conceitos são moldados por amores, medos e preconceitos, e são também moldados por experiências passadas, nossa cultura e a linguagem que falamos.

CONHECIMENTO

Qualidades primárias e secundárias

Quando vemos um objeto quadrado, ele também transmite a sensação de quadrado, e um tijolo caído aparenta, transmite a sensação e soa como algo pesado. Porém, quando experimentamos mel ou vemos a cor violeta, nenhuma outra percepção pode confirmar esse fato. O primeiro tipo de encontro é definido como tendo *qualidades primárias*, enquanto o segundo tipo apresenta *qualidades secundárias*.

Aranhas podem invocar medo para algumas pessoas – nem todo mundo tem a mesma experiência.

Qualidades primárias
As qualidades primárias parecem mais promissoras para o conhecimento objetivo. Não apenas meus outros sentidos podem confirmar a percepção, como outras pessoas provavelmente concordariam com ela, enquanto outras pessoas podem ser daltônicas ou ter um paladar diferente do meu. A ciência se concentra em qualidades primárias, que ofereçam um consenso entre os observadores, e possam também ser tratadas de forma matemática.

Qualidades secundárias
As qualidades secundárias (como cor, sabor e cheiro) oferecem informações reais, mas são mais subjetivas. A distinção é importante – apesar de os críticos, especialmente os antirrealistas, afirmarem que as qualidades primárias são construídas a partir das secundárias.

CAPÍTULO CINCO

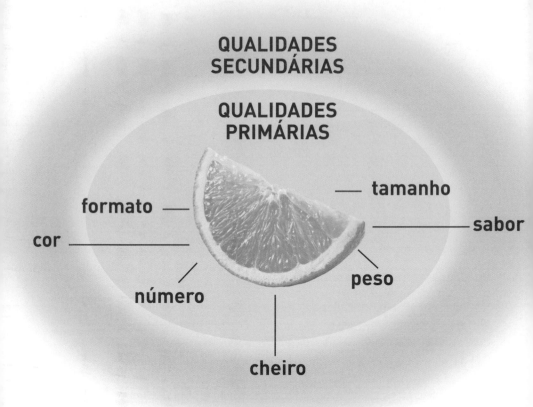

RACIONALISMO E EMPIRISMO

Dois dos principais pontos de vista estão em conflito sobre a base do conhecimento: o racionalismo e o empirismo. *Racionalistas* dizem que o que transforma nosso emaranhado de crenças, conceitos e experiências cruas em conhecimento é um julgamento.

RACIONALISTAS ▶ *O que transforma nosso emaranhado de crenças, conceitos e experiências cruas em conhecimento é um julgamento.*

CONHECIMENTO

Descartes ilustrava essa perspectiva com um punhado de cera de vela. Nós a sentimos, cutucamos, olhamos para ela e provamos seu sabor, e concluímos que é cera. Se então a derretermos em uma poça, as experiências mudam dramaticamente, mas ainda dizemos que é cera. Como o julgamento se sobrepõe às experiências alteradas, o conhecimento deve vir de um julgamento.

Descartes usou o exemplo de cera de vela derretida para explicar como nosso conhecimento vem do julgamento.

Percepções + Experiências → **Mente** Padrões → Conhecimento

CAPÍTULO CINCO

> **EMPÍRICO** ▶ *Tudo depende das percepções e um julgamento é apenas uma comparação de experiências.*

Empíricos afirmam que tudo depende das percepções, e um julgamento é apenas uma comparação de experiências. David Hume oferece o exemplo de uma montanha dourada (uma fantasiada montanha de ouro sólido). Ninguém vivenciou algo assim, mas sabemos a respeito de ouro e de montanhas, então colocamos as duas coisas juntas para chegar ao conto de fadas. Todos os conceitos, diz Hume, são assim, e a mente peneira padrões retirados de múltiplas experiências. O conhecimento tem suas raízes em nossas percepções, não na razão (que é provavelmente superestimada pelos racionalistas).

Esse debate estava em seu auge na Europa Iluminista, quando os grandes empíricos (John Locke e David Hume) rivalizavam com os grandes racionalistas (René Descartes, Baruch Espinoza e Gottfried Leibniz). Assim que Immanuel Kant declarou que as experiências estavam profundamente emaranhadas com os aspectos racionais e conceituais da mente, o debate ficou mais complicado. No entanto, muitos filósofos ainda pendem para uma dessas duas posturas; ou seja, a discussão está longe de acabar. Mesmo que todas as sensações envolvam pensar e todo o pensamento tenha raízes nos sentidos, a maioria dos filósofos acredita que o conhecimento é embasado primariamente em nossas experiências ou em nossa compreensão.

Iluminismo

David Hume foi um dos principais empíricos nos debates filosóficos travados durante o Iluminismo.

JUSTIFICAÇÃO

A maior parte da epistemologia se concentra naquele "algo mais" que transforma uma crença verdadeira de sorte em conhecimento. Você acredita numa verdade, mas como justifica acreditar nela? Grandes problemas foram percebidos em discussões antigas. Se a pessoa aproveitar algum trecho de informação para justificar sua crença, então presumivelmente deve conhecer aquela informação. Mas, nesse sentido, a informação também precisa ser justificada – e assim por diante.

Nós enfrentamos um *regresso infinito* de justificações. Se as várias justificações apoiam-se umas nas outras, isso parece circular. Ou podemos dizer que o conhecimento acaba em algum momento dependendo de algo que não precisa de justificação – mas como sabemos se isso não se justifica? Esse enigma em três partes (*Trilema de Agripa* ou *Trilema de Münchhausen*) parece tornar irremediável a busca pela base – ou critério – para o conhecimento.

Regresso infinito

A finalidade do Trilema é demonstrar que o conhecimento é impossível, porque ele só pode ser justificado por uma das três formas, e nenhuma delas funciona. Ou a justificação é fundamentada, infinita ou circular. Se a série de justificações termina em um fundamento, isso obviamente não tem mais justificações, portanto não pode ser conhecimento. Se a série continua infinitamente, não se pode ter certeza a respeito de nenhuma justificação. Se a série for circular, isso pode ser um grupo de mentiras que corroboram umas às outras.

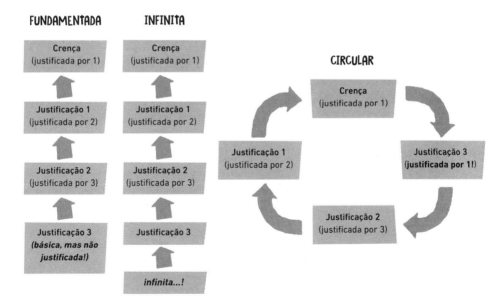

As soluções para o Trilema sugerem fundações racionalistas ou empíricas. Os racionalistas dizem que a base do conhecimento é uma percepção ou intuição direta de que algo é obviamente verdadeiro. Se tivermos percepções *a priori* que sejam certeiras, podemos deduzir

Trilema de Agripa

CAPÍTULO CINCO

com segurança outros conhecimentos a partir delas. Descartes afirmava que, sempre que estava pensando, ele tinha certeza de que ele mesmo deveria existir, de modo a pensar. Esse famoso argumento (*cogito ergo sum* – "penso, logo existo") destaca algum tipo de certeza, embora seja questionável que ele tenha provado se era uma pessoa contínua e imutável.

Empirismo

Os empíricos buscam seus fundamentos na experiência. G. E. Moore, por exemplo, afirmava que ele tinha mais certeza de que estava levantando as próprias mãos do que poderia ter sobre os argumentos céticos que negassem esse fato. O reconhecimento facial é oferecido como exemplo de conhecimento fundacional, porque até bebês pequenos imediatamente conhecem a própria mãe. As duas versões do *fundacionalismo* dividem nossas crenças em dois grupos, das quais as "básicas" (sejam elas racionais ou vivenciais) não precisam de outras justificações.

O filósofo G. E. Moore, como todos os empíricos, buscava na experiência seu conhecimento fundacional.

EMPIRISMO ▶ *Todo conhecimento vem da experiência.*

O Problema de Gettier

Um enigma mais recente, o **Problema de Gettier**, mostra que a sua crença verdadeira não apenas pode envolver sorte, mas que a justificação em si também pode envolver certo grau de sorte: se você está confuso sobre os fatos, pode não perceber a facilidade com que você talvez tenha se enganado. Por exemplo: suponhamos que você deixe seu telefone em uma mesa e saia da sala. Você pensa: "Eu sei que meu telefone vai estar na mesa quando eu voltar, porque eu o deixei ali", e suponhamos que você descubra que seu telefone está na mesa quando você volta. Portanto, você tinha uma crença que foi verdadeira, e tinha uma boa justificação, então parece que você sabia disso. Mas talvez um ladrão tenha levado seu telefone e, depois de alguns bons minutos, tenha se arrependido e colocado o aparelho de volta onde você o deixou. Isso significa que a sua crença é verdadeira, e o telefone de fato está em cima da mesa porque foi lá que você o deixou, mas a explicação não é aquilo que você acha ser, e existe uma lacuna na sua justificação. Nessas circunstâncias, você *sabia* que seu telefone estaria sobre a mesa? A maioria das pessoas afirma que não sabia, porque sua justificação existe, mas não é boa o bastante. Assim, o Problema de Gettier oferece uma descrição melhor de tais dificuldades.

Coerentismo

Céticos afirmam que as experiências podem ser meros sonhos e o raciocínio pode ser equivocado, e críticos das fundamentações dizem que elas são rudimentares demais para contar como conhecimento ou complexas demais para serem conhecidas sem outras justificações. Assim, uma perspectiva rival, o *coerentismo*, oferece uma abordagem diferente.

> **COERENTISMO** ▶ *Nossas experiências e nossa razão devem se encaixar de forma coerente para poderem contar como conhecimento.*

Embora um conjunto de justificações apoiando-se umas às outras pareça circular, na vida real acreditamos em algo se muitas evidências apontarem nessa direção, e se todas elas se encaixarem umas às outras como peças de um quebra-cabeça (como ocorre em um processo bem-sucedido no tribunal), então essa é uma justificação tão boa quanto qualquer outra que podemos obter. A imagem coerente pode incluir ingredientes tanto racionais quanto vivenciais. A principal dificuldade com o coerentismo é que uma coleção de evidências pode ser altamente coerente e mesmo assim não ser verdadeira, como em um livro de ficção cuidadosamente delineado.

> **CONFIABILISMO** ▶ *As crenças precisam depender de conexões confiáveis com os fatos.*

Tanto as crenças básicas quanto a coerência se concentram na mente do conhecedor. Um desafio recente diz que essa visão *internalista* está errada, pois boas justificações são *externas*, já que precisamos de boas conexões com os fatos em vez de estados privados da mente. A versão preferida do externalismo é o *confiabilismo*, que afirma que a melhor conexão com os fatos é através dos meios que se provaram confiáveis, como uma boa visão, habilidade intelectual ou instrumentos científicos eficientes. Internalistas dizem que devemos agir com base no que sabemos, então as decisões finais devem ser internas, mas o realismo robusto do externalismo é atraente e se encaixa bem com as visões modernas de objetividade na ciência.

> **INTERNALISMO** ▶ *Decisões finais devem ser internas.*

CAPÍTULO CINCO

OBJETIVIDADE

O relativismo extremo garante que não pode haver conhecimento algum, porque não existe "verdade" alguma, assim como não existe nenhum "fato". Portanto, existem apenas as crenças privadas individuais, ou talvez pontos de vista compartilhados dentro de uma cultura. Mas o conhecimento também pressupõe que as crenças sejam justificadas, e nós ainda podemos tentar distinguir entre justificações boas e ruins.

BOA JUSTIFICAÇÃO	JUSTIFICAÇÃO RUIM
"Eu acredito que isso tenha acontecido porque dez de nós vimos isso acontecer."	"Eu acredito que isso aconteceu porque eu espero que isso tenha acontecido."

Portanto, podemos tentar deixar nossas crenças mais objetivas e buscar aproximação da verdade ou dos fatos, mesmo que isso nunca chegue a ser atingido por completo.

O relativismo depende de dúvidas sobre a percepção, sobre a razão e sobre a linguagem. Cada um de nós percebe o mundo de um local diferente e emprega conceitos diferentes nessa experiência. Diz-se com frequência que a razão, antigamente vista como universal, é fortemente influenciada por preconceitos culturais e emoções particulares. Diz-se também que cada linguagem muda ao longo do tempo, tem presunções intrínsecas únicas e nunca pode ser traduzida com precisão.

Uma objetividade maior parece possível por meio de acordos, seja por sentidos diferentes, seja por observadores diferentes. Presumindo que confiamos nas lembranças (e parece loucura não confiar), podemos perceber um objeto e nos lembrar de uma percepção anterior idêntica desse objeto (implicando estabilidade objetiva no objeto). Também notamos dois sentidos diferentes oferecendo a mesma informação a respeito de um objeto (uma de suas qualidades primárias) e podemos confiar em outras pessoas para descreverem suas percepções e possivelmente sustentarem as nossas próprias. Um lema para os cientistas é que "se você não acredita nisso, vá olhar você mesmo".

Preconceitos

O raciocínio pode estar sujeito a preconceitos, e nós produzimos "racionalizações" para coisas nas quais estamos determinados a acreditar de qualquer maneira. A matemática, a lógica formal e a linguagem de computadores tentam eliminar essas influências e produzir resultados que fiquem acima de qualquer disputa. É mais difícil ser objetivo a respeito de evidências, pois elas precisam de interpretações, mas os tribunais de justiça modernos oferecem análise, gravações e fotografias forenses com o objetivo de obter um consenso ou algo próximo dos fatos.

Afirma-se que é impossível traduzir completamente entre duas línguas, porque uma frase só é realmente compreendida como parte de toda uma linguagem e cada linguagem incorpora um ponto de vista exclusivo. Isso implica que não existem duas línguas que possam relatar fatos idênticos, e que a objetividade plena é impossível. A melhor defesa da objetividade descarta isso como pessimista demais. A poesia pode ser difícil de traduzir, mas pesquisas científicas e manuais de instrução não deveriam oferecer problemas. Linguagens especializadas podem ser aprimoradas para serem mais precisas. A ciência dá preferência à linguagem matemática e evita terminologia emotiva.

Uso da linguagem

Contextualismo

Uma ideia moderna influente é que o fato de alguém se qualificar como conhecedor pode ser relativo a um contexto. Alguém pode ser aceito como especialista em um contexto descontraído, mas não em outro mais exigente, e eu posso achar que conheço um tópico muito bem até encontrar pessoas que saibam mais. Será que a palavra "saber" muda de significado em situações diferentes? Ou será que nós sabemos ou não sabemos, mas às vezes exigimos justificações fracas (em conversas casuais) e outras vezes, fortes (num tribunal de justiça)? Se os contextualistas estiverem corretos, então a objetividade existe apenas nos contextos mais exigentes – mas essa é uma presunção comum nas sociedades modernas.

O contexto pode determinar quem é um especialista. Em um tribunal, o padrão para um especialista é bem exigente.

CAPÍTULO CINCO

CETICISMO

Relativistas duvidam dos fatos e da verdade, mas céticos simplesmente duvidam de nossa habilidade para conhecer tais coisas, mesmo que elas estejam disponíveis para serem conhecidas. *Ceticismo global* é a afirmação ampla de que todo o conhecimento é impossível (e, presumivelmente, não podemos ter certeza nem mesmo dessa afirmação).

CETICISMO GLOBAL ▶ *Todo o conhecimento é impossível.*

Presumivelmente, não podemos ter certeza nem mesmo dessa afirmação. Ceticismos mais localizados na Filosofia incluem dúvidas sobre:

- religião
- valores morais
- outras mentes
- o Eu
- necessidades
- significados
- racionalidade
- indução
- causa

Somos livres para duvidar de qualquer coisa, mas os filósofos oferecem motivos para seu ceticismo. Os gregos afirmavam que qualquer falsidade pode ter aparência de verdade, e, para cada motivo para acreditar em algo, existe outro para negar esse mesmo algo. Descartes disse que era difícil negar que a vida pode ser um sonho vívido, considerando-se que nós normalmente acreditamos no que sonhamos. Se não aceitamos isso, pode ser ainda que alguma força externa esteja nos iludindo. Podemos pensar no cientista vilanesco inserindo dados em um *cérebro em uma cuba*; ou na realidade simulada criada pelas máquinas no filme *Matrix*. A questão não é se esses cenários são prováveis, mas se eles são possíveis. Se algum deles é possível, então nosso conhecimento é inseguro.

Cérebro em uma cuba

Toda a epistemologia pode ser vista como tentativas de abordar essas dúvidas. Se existem certezas que são fundamentais ou crenças mais fortes do que qualquer ceticismo, então o conhecimento pode ser confiável. Pragmáticos dizem que essa ação bem-sucedida é uma boa garantia para o conhecimento. Ainda que o ceticismo global pareça inegável, mesmo assim podemos decidir descartá-lo como um exercício acadêmico, já que até as pessoas em estado de ignorância devem prosseguir com suas vidas aparentes, com todos os seus perigos assustadores.

CONHECIMENTO

O exercício intelectual do "cérebro em uma cuba" nos questiona se podemos confiar em nossas próprias experiências.

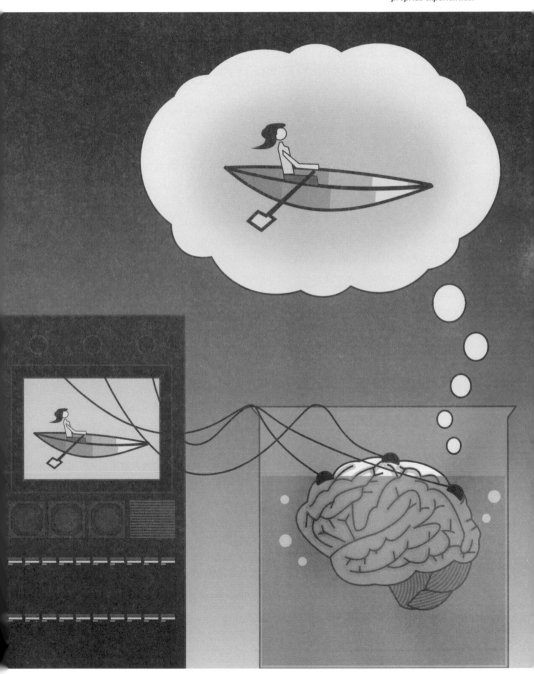

OS NEOPLATÔNICOS E OS CRISTÃOS
(200-1350 d.C.)

Quando a crença em um único Deus espiritual se tornou difundida na Europa, foram as ideias de Platão que pareceram as mais atraentes, porque ele idealizou a *Forma da Bondade*. Esta foi identificada com a mente de Deus, que era a fonte de tudo o que era bom. Quando o Império Romano aceitou o cristianismo, a teologia se tornou um assunto essencial, com a meta de atingir coerência entre as doutrinas. A religião dominou a Filosofia pelos 1.200 anos seguintes.

Plotino (*c*. 205-270 d.C.) aproximou os ensinamentos de Platão de uma religião mística, na qual a Forma da Bondade se tornou *O Uno*. Este não é Deus, mas a fonte de tudo o que é bom na criação, e o objetivo da Filosofia é purificar a mente e alcançar a união com o Uno. Nesse sentido, as ideias de Platão influenciaram imensamente a teologia cristã. **Agostinho de Hipona** (354-430 d.C.) foi um grande pensador cristão que explorou problemas filosóficos e viu que o tempo é um conceito especialmente desafiador. **Tomás de Aquino** (1225-1274) desenvolveu uma teologia baseada em Aristóteles, cuja sabedoria foi reconhecida apesar das crenças não cristãs deste.

Isso levou a um século de Filosofia intensa, boa parte dela movida por dificuldades teológicas como a questão de se o pão servido durante a eucaristia pode ser transformado no corpo de Cristo. O problema dos *universais* era central nisso, com alguns argumentando que as propriedades eram elementos universais da realidade. Em contraste, os nominalistas, tais como **William de Ockham** (1285-1347), insistiam que o que existe são apenas objetos, e que os universais estão na mente. William também argumentava que a bondade moral é uma ordem de Deus – e não vem de outra fonte qualquer, conforme afirmado por Platão.

A defesa do livre-arbítrio era uma questão importante, repousando ou sobre a suprema independência da razão humana ou na separação entre a alma e o corpo (o que, em si, exigia uma defesa da imortalidade). O livre-arbítrio raramente foi negado durante esse período.

OS NEOPLATÔNICOS E OS CRISTÃOS

Santo Agostinho examinou os mistérios do tempo.

CAPÍTULO SEIS

MENTE

- Natureza da mente • Consciência
- Corpo e mente • Dualismo
- Behaviorismo e Funcionalismo
- Dualismo de propriedades
- Mente física

O EU

PENSAMENTOS E EXPERIÊNCIAS

QUALIA

VONTADE

BEHAVIORISMO

FUNCIONALISMO

RAZÃO

A MENTE

CONSCIÊNCIA

PROBLEMA MENTE-CORPO

INTELIGÊNCIA ARTIFICIAL

FISICALISMO

DUALISMO

CÉREBRO

O QUE É?

PROCESSO

OBJETO

A NATUREZA DA MENTE

Para os filósofos, a mente é interessante por causa de seu papel essencial no conhecimento e na compreensão, seu papel ativo nas escolhas e na moralidade, e a relação entre as mentes humanas e a linguagem que elas empregam. Precisamos de uma descrição das funções da mente e suas capacidades, e uma compreensão da relação entre a mente e o cérebro, de um modo que se encaixe com as teorias mais amplas sobre o mundo.

- O que é uma mente?
- É uma entidade distinta ou um processo?
- É o mesmo que a consciência, ou é muito mais extensa?
- É totalmente separada do corpo, apesar de envolvida nele?
- Ela se estende para o mundo, na informação que guardamos nos celulares, por exemplo?
- Ela é apenas uma coleção de minúsculas atividades físicas?
- Ela controla o corpo ou simplesmente reage a ele?
- Somos especialistas em nossas próprias mentes, ou estamos envolvidos demais para enxergar o que está realmente acontecendo?

Podemos realmente compreender o que está acontecendo dentro de nossas próprias mentes?

Algumas das grandes questões sobre o status do ser humano se escondem por trás desses enigmas. Se não formos diferentes, em princípio, dos outros mamíferos, então nossa descrição da mente humana não será muito diferente da descrição que fazemos da mente de um rato de laboratório. Entretanto, se tivermos uma visão mais elevada de nós mesmos, como acreditar que possuímos almas imortais ou que temos muito mais liberdade de escolha do que os ratos, ou como raciocinantes que podem

CAPÍTULO SEIS

compreender a verdade, a lógica, a matemática e os segredos da natureza, então nosso relato da mente humana deve tornar essas coisas possíveis.

Podemos tentar perguntar *para que* serve uma mente. Mentes precisam de cérebros, que só são encontrados em organismos que navegam em seus ambientes, então esse é um bom ponto de partida. Se uma criatura móvel e maior não consegue navegar, não durará muito em um mundo perigoso. É necessário ser multitarefas, em alta velocidade.

Todas essas atividades têm uma curiosa unidade, e a mente de alguma forma produz esse todo integrado. Animais visivelmente têm mentes em graus variados, mas nós não temos certeza do quanto eles estão cientes ou atenciosos. O único modo pelo qual podemos compreender a mente dos animais é procurando as melhores explicações para o comportamento deles, e as complexidades da vida animal vista nas filmagens da vida selvagem parecem impossíveis sem planejamento, comparações e mapas mentais do local. A consciência pode não ser essencial para conectar atividades como fazer ninhos, perseguir e montar armadilhas argutas, mas provavelmente ajuda muito.

Se você estiver indo até a loja para comprar pão, precisa equilibrar o alvo e sua localização, os motivos para o alvo, seus próprios movimentos corporais, as experiências vindas de seus sentidos, a consciência dos perigos e o que fazer depois de comprar o pão.

Pensamentos e experiências

Se isso resume o papel básico de uma mente, do que as mentes precisam para realizar essa tarefa? Os filósofos têm se focado em dois aspectos. Precisamos vivenciar o mundo de forma a reagir a ele. Você retira rapidamente seu pé se pisa em algo afiado. O sentimento de dor cumpre o seu papel, sem nenhuma necessidade de raciocínio ou crenças. A palavra *qualia* (qualidades) é utilizada para essas experiências sensoriais imediatas, e refere-se à qualidade dolorosa de uma dor (ou à tonalidade de uma cor, como a vermelhidão do vermelho) – que precede qualquer pensamento a respeito do que fazer. Por outro lado, sua mente pode ter muitas crenças gerais que não envolvem nenhuma experiência em particular. Elas são estados mentais que versam "sobre" alguma coisa, e a palavra ***intencionalidade*** é usada para essa capacidade de pensar sobre as coisas. Crenças dizem respeito às coisas, no sentido de que o sol não pode se referir ou ser sobre a lua.

Qualia e intencionalidade

Temos pensamentos sobre o sol e a lua, mas eles não têm pensamentos sobre nós, porque não têm mentes.

QUALIA ▶ *Experiência sensorial imediata.*
INTENCIONALIDADE ▶ *Estados mentais a respeito de coisas.*

CAPÍTULO SEIS

As mentes têm experiências cruas (*qualia*) e pensamentos com conteúdo (intencionalidade), e as duas atividades implicam que a mente representa o mundo exterior.

Nos humanos, também temos o fenômeno do pensamento de segundo nível – pensamentos a respeito de pensamentos, como "eu quero mesmo esse pão?" ou "eu peguei a saída errada?".

Nossa perspectiva sobre as mentes das outras pessoas é diferente e nós podemos até nos perguntar se outras pessoas têm mentes. Normalmente, tomamos isso como uma certeza, mas qual base temos para estarmos tão certos? Talvez você seja o único consciente, e o restante de nós sejamos não conscientes (conhecidos entre os filósofos como "zumbis"). Você pode responder que seu comportamento é explicado pela sua mente e outras pessoas têm comportamentos semelhantes, então a explicação para eles deve ser a mesma. Também parece importante que elas provavelmente têm um cérebro como o seu.

É possível acreditar que você é o único consciente e todas as outras pessoas sejam não conscientes, meros zumbis.

MENTE

Pelo fato de a mente ser algo tão particular, esse problema de provar que há **outras mentes** continua sendo um enigma. Mesmo que aceitemos a existência de outras mentes, outra questão é se as experiências delas são como as nossas – o enigma da *qualia invertida*. Você e eu podemos vivenciar *qualia* de modos muito diferentes quando olhamos para tomates ou provamos açúcar e nunca descobrirmos esse fato, desde que usemos a palavra "vermelho" ou "doce" no sentido normal. Eu posso enxergar os tomates como azuis, e o açúcar pode me parecer amargo, sem nunca me dar conta de que as suas experiências são diferentes. Nós certamente não deveríamos presumir que temos todos uma experiência idêntica com um mesmo objeto.

Qualia invertida

Será que algumas pessoas vivenciam o tomate como azul?

PSUCHÉ ▶ A sensação de estar vivo.

CONSCIÊNCIA

A abordagem inicial grega concentrou-se na palavra *psuché*, que se refere não apenas à sua mente, mas também à sensação do seu corpo estar vivo. Assim, *psuché* também é encontrada em plantas. Por um longo tempo, os gregos não estavam cientes de que o pensar ocorria no cérebro (embora lesões na cabeça acabassem confirmando isso). Assim que a importância crucial do cérebro ficou clara, a discussão se estreitou para a mente consciente. O passo seguinte foi a lenta compreensão de que havia aspectos não conscientes na mente, conforme visto na influência das percepções, lembranças, desejos, ansiedades e motivos dos quais não estamos cientes.

Psuché

Atividade consciente *versus* inconsciente

Pesquisas recentes têm estendido imensamente nosso conhecimento sobre a atividade mental inconsciente, tal como as decisões que são detectadas no cérebro antes mesmo de nos darmos conta de que as tomamos. Pacientes com **visão cega** sofreram danos cerebrais e relatam estarem cegos, mas testes revelam que eles ainda conseguem captar informações visuais sem perceber que estão fazendo isso. Esse fluxo não consciente de informação visual deve ocorrer com todos nós; assim, a visão direta é muito menos consciente do que julgávamos.

Visão cega

CAPÍTULO SEIS

Robôs são capazes de executar muitas tarefas sem ter uma consciência, o que dificulta definir o que é "pensar".

A consciência continua sendo a parte mais vívida da mente, permanecendo como elemento central, porque o que está consciente pode ser abordado, analisado, comparado e sujeito ao raciocínio. Como robôs podem executar várias tarefas simples sem terem consciência e nós descrevemos essas máquinas como "inteligentes", a explicação da consciência humana tem sido rotulada como o ***problema difícil***, tanto para filósofos quanto para cientistas. Em particular, se perguntarmos "como é ser um robô?", a resposta provavelmente será "nada", então o maior enigma é explicar por que

O *problema difícil*

vivenciamos atividade mental, em vez de simplesmente realizá-la. Isso sugere que explicar *qualia* é muito mais difícil do que explicar a intencionalidade: um robô pode ser programado para montar um carro ou passar o aspirador nas escadas, mas é bem improvável que um robô tenha um perfume preferido.

CORPO E MENTE

Se quisermos apenas compreender o pensamento, a forma como a mente e o cérebro se relacionam é um problema menor. No entanto, quando questões filosóficas mais amplas são discutidas, essa relação mente-cérebro tem grande importância. O debate se move entre dois pontos de vista extremados – de que a mente e o cérebro são totalmente diferentes, ou de que eles são exatamente a mesma coisa.

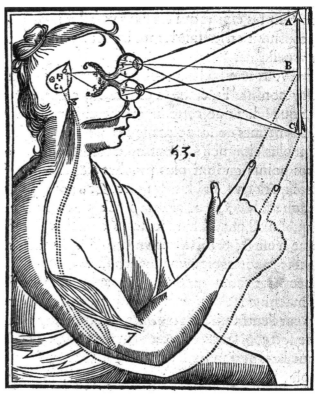

A mente e o corpo são duas entidades separadas?

O primeiro ponto de vista implica que a mente tem um modo de existência bem diferente: ela pode ser não física e ter restrições muito distintas da matéria física comum. Isso talvez lhe dê liberdade do controle causal (tornando possível o livre-arbítrio), permitindo-lhe exercer a razão pura (imaculada pela biologia ou pela influência social), e possibilitando uma existência não corpórea (e talvez a imortalidade). Em geral, isso implicaria a existência independente de um mundo de pensamento (contendo a matemática, talvez), e deixaria o reino espiritual mais provável.

O segundo ponto de vista, que compreende a mente como apenas algum aspecto do cérebro, é encorajado pela Física moderna e pela Neurociência. Ele enfrenta muitas dificuldades, contudo, para encontrar explicações convincentes para nossas experiências de pensamento, emoções, escolhas e razão.

CAPÍTULO SEIS

FISICALISMO ▶ *Não existe nada não físico, portanto a mente deve ser totalmente física.*

O fisicalismo pode vir nos formatos *redutivista* ou *eliminativo*.

REDUTIVISTAS	ELIMINATIVISTAS
A mente é real. A mente surge totalmente de eventos físicos no cérebro.	A mente não existe. As mentes são apenas uma atividade física – como "o clima", elas escoam para fora do catálogo daquilo que existe uma vez que identificamos os ventos, temperaturas, pressões etc.

DUALISMO

Demócrito sustentava que existem somente os átomos e seus movimentos, por isso rejeitava a separação entre mente e corpo. Mas o *dualismo* gradualmente se transformou em ortodoxia.

A VISÃO DUALISTA ▶ *A crença de que a mente é não física.*

Demócrito acreditava que tudo no mundo era composto de átomos.

Existem boas razões para apoiar o dualismo. A mente era associada ao cérebro, mas ele era só algo inexpressivo, que não mostrava nenhum sinal de pensamento – nenhum microscópio havia revelado até então os neurônios cerebrais. Quando Descartes considerou a mente, ele identificou vários elementos que não podiam ser físicos:

- A mente é totalmente unificada, enquanto o cérebro pode ser fatiado.
- Nós podemos duvidar se temos corpos (já que podemos estar sonhando com eles), mas não temos como duvidar de que temos mentes, já que precisamos das mentes para o próprio processo de duvidar.

MENTE

- A mente (ao contrário do cérebro) parece ser intangível, não dispondo de volume, formato ou peso mensuráveis. Portanto, parece que a mente não é física.

Um problema óbvio precisou ser resolvido. Se o cérebro e a mente são tipos totalmente diferentes de substância (física e não física), e não têm nada em comum, como eles influenciam um ao outro? A mente sente dor e o corpo obedece a decisões, mas qual é o elo de comunicação? Uma abordagem diz que deve haver um elo (talvez em algum local do cérebro), mas não temos como explicar. Perspectivas alternativas dizem que não existe elo algum, e a harmonia entre mente e cérebro deve ser explicada de alguma forma sobrenatural.

> **SOBREDETERMINADO ▶ *Quando a causa mental excede os requerimentos.***

Críticos do dualismo

Críticos dizem que esse *problema de interação* é sério demais, e o *dualismo cartesiano*, ou *de substância*, precisa acabar. Em especial, nossa descrição causal padrão de um evento físico levando a outro parece se romper quando existe uma fronteira definida entre mente e corpo, e a mente não é física. Nós nos deparamos com cadeias de causas físicas chegando abruptamente ao fim (quando a dor se move do cérebro físico para a mente não física), e então surgindo com a mesma brusquidão (quando a decisão de mover o pé passa da mente não física para o cérebro físico). O movimento pode até ser *sobredeterminado*, se toda a causa necessária para mover o pé pode ser vista em eventos físicos e a causa mental extra seja excedente ao exigido.

Além disso, avanços dramáticos na Biologia e na Neurociência (como assistir ao cérebro devorar glucose quando está se esforçando bastante) tornaram o relato físico da mente muito mais plausível. Se nossa visão geral da humanidade é de que somos o resultado da seleção natural, então nos veremos como parentes mais próximos dos animais pequenos, cujo comportamento pode ser explicado sem nenhuma referência a uma mente separada. A visão dualista da mente se tornou, por consequência, fora de moda hoje em dia, e relatos mais sutis da mente têm se desenvolvido.

René Descartes escreveu a famosa frase "cogito, ergo sum" ("Penso, logo existo"), explicando que a habilidade de duvidar significava que você devia ter um Eu com que duvidar.

Dor e o cérebro

CAPÍTULO SEIS

BEHAVIORISMO E FUNCIONALISMO

BEHAVIORISMO ▶ *A mente pode ser compreendida por meio do comportamento observável em público.*

Uma abordagem é repensar o que é a mente. Se a mente não é uma coisa nem uma substância, mas sim uma atividade ou um processo, então não existem duas entidades diferentes. O cérebro é uma coisa física e a mente é um aspecto abstrato do cérebro, da mesma forma que um padrão de comportamento. A doutrina do *Behaviorismo* emergiu na psicologia para fazer com que o sujeito se concentre no comportamento observável em público, em vez de na introspecção nada científica das mentes particulares. O behaviorismo filosófico afirmava que a mente compunha-se simplesmente por padrões de comportamento, dissolvendo assim o problema. A popularidade do behaviorismo foi breve, porque o comportamento externo não explica por completo a mente. Um ator pode exibir um comportamento de dor quando não a sente, e pessoas duronas podem esconder qualquer comportamento quando, na verdade, sentem uma dor horrível. Também existem muitos estados mentais, como fazer conta de cabeça ou saber uma data histórica, que normalmente não produzem nenhum comportamento.

Funcionalismo

Uma teoria aprimorada foi o *Funcionalismo*, que manteve a ideia de que a mente é um sistema de comportamentos, mas colocou esse comportamento dentro do próprio cérebro, em vez de no que era observável externamente.

FUNCIONALISMO ▶ *A mente é um sistema de comportamentos, baseada no próprio cérebro.*

A mente como um programa de computador

A mente é como um programa de computador, rodando no hardware do cérebro, e pode ser visualizada com um fluxograma. Diversas versões dessa teoria propõem que a computação está envolvida, ou que cada função é vista em termos de seu papel causal, ou que o propósito de cada função deve ser mencionado. Não existe nenhuma substância misteriosa envolvida, e a mente é uma descrição abstrata do padrão dos processos cerebrais. Isso poderia ser sustentado por uma substância não física, mas é mais provável que seja apenas biologia comum.

Uma objeção a isso é que seria possível montar um sistema mecânico que tivesse todas as funções de um bom tradutor de linguagens, mas sem a compreensão que as mentes trazem para a tradução. A mente consciente guarda mais do que apenas suas funções. Se alguém tivesse *qualia invertida* (vivenciando em particular o vermelho como uma experiência azul), suas funções e seu comportamento talvez continuassem imutáveis quando conversasse sobre coisas vermelhas. Por isso funcionalistas não conseguem explicar a diferença em suas experiências particulares. A teoria não consegue responder ao problema difícil: por que vivenciamos as coisas de determinada maneira? Se tudo de que precisamos são as funções, talvez não precisemos de nossas experiências, certo? O funcionalismo explica tudo na mente por meio de sua relação com alguma outra coisa, então ele não pode falar nada sobre as propriedades intrínsecas da mente.

DUALISMO DE PROPRIEDADES

Se você acha que a mente é especial, mas discorda que é uma substância não física, então o *dualismo de propriedades* oferece um meio-termo.

A PERSPECTIVA DO DUALISMO DE PROPRIEDADES ▶ *A mente emerge da substância física do cérebro.*

Para Donald Davidson, um aspecto em particular da mente que incitou essa proposta foi a nossa habilidade de agir de acordo com razões. Nossas razões determinam o que fazemos, mas não são nada parecidas com causas físicas, e certamente não obedecem a leis estritas como a matéria física. Por isso, a mente é uma "anomalia", um desvio em sua natureza, e ainda assim é obviamente um aspecto de um sistema físico, o cérebro. Diz-se que a mente é um novo tipo de propriedade, em vez de uma substância diferente. A propriedade é *emergente*, o que quer dizer que não está contida na parte física do cérebro, mas sim que é produzida pelo cérebro. O elemento importante que resulta disso é a *causação descendente* – que a mente que emerge tem poderes causais (nossos motivos para fazer coisas) que não são causados pelo cérebro, mas podem afetar o cérebro e o corpo. Diz-se que a mente acompanha eventos cerebrais (e nunca se afasta por conta própria), enquanto mantém seus poderes independentes.

Causação descendente

CAPÍTULO SEIS

Essa teoria captura a ideia de que a mente é muito especial, sem divergir demais das perspectivas científicas modernas. Céticos quanto a ela tendem a vê-la como um dualismo tradicional sob um disfarce moderno. Como a mente tem poderes causais emergentes independentes, eles nunca podem ser previstos por meio de observações do cérebro, o que faz deles um mistério permanente (para a ciência física). Assim, a teoria parece abandonar qualquer tentativa de compreender a mente por completo. Alguns filósofos – os *misterianistas* – aceitam essa situação e dizem que a mente é um enigma insolúvel. A mente não tem uma consciência direta a respeito do cérebro, e o cérebro não exibe nenhum sinal visível de conter a mente; portanto, não há evidências com as quais construir uma teoria.

A PERSPECTIVA MISTERIANISTA ▶ *A mente é um enigma insolúvel.*

MENTE FÍSICA

No outro extremo está a perspectiva *fisicalista* da mente, que nega a existência da mente ou a reduz a eventos puramente físicos.

A PERSPECTIVA FISICALISTA ▶ *Todos os eventos mentais são eventos físicos.*

A ciência moderna encoraja o fisicalismo, porque cada vez mais questões são explicadas em termos físicos. A vida, por exemplo, que anteriormente parecia magia, é progressivamente mais bem compreendida em termos de química. Porém, muitos filósofos resistem ao fisicalismo por ele ameaçar o status das coisas mais preciosas da vida – como razão, valores, arte e amor. Em um mundo puramente físico, os valores parecem se equiparar e ninguém acha que moléculas complexas são superiores a simples elétrons.

O principal apoio ao fisicalismo é visto nas objeções ao dualismo de substância:

- O mundo físico tem um fluxo contínuo de causa e efeito que é observável por completo, mas uma mente não física causa um rompimento grande e desconcertante no fluxo.
- As leis familiares da ciência são tomadas como universais, mas o dualismo sugere que não são, pois elas não se aplicam dentro dos seres humanos.

A questão crucial é se toda a nossa vida mental pode ser explicada em termos físicos. A partir das pesquisas modernas a respeito do cérebro, as explicações físicas estão se tornando gradualmente mais minuciosas, mas algumas características da mente (como a *qualia* e a razão pura) parecem difíceis de explicar dessa forma. Podemos adquirir informação fisicamente a partir da superfície de um tomate, mas como podemos produzir fisicamente a experiência de sua vermelhidão?

Morte

Se um cérebro para de funcionar (com a morte), os fisicalistas presumem que a mente também para; assim, a melhor forma de compreender a mente física é como um processo ativo. Seu modo de existência é igual ao de uma cachoeira, que é uma entidade distinta e dramática, mas composta simplesmente do comportamento da água comum. Nossa conversa dualista é explicada pelos conceitos que usamos, não pela realidade física. Como a humanidade falhou em compreender a união entre mente e cérebro, desenvolveram-se duas formas totalmente diferentes de falar sobre eles, agora profundamente entranhadas em nossas linguagens. A essa altura, os críticos do fisicalismo apontam para a consciência, porque ela é algo bem surpreendente para ter surgido de uma mera coleção de turbilhões de atividades físicas, não importa o quanto ela seja complexa. Eles nos lembram que a mente é excepcionalmente unificada por sua consciência, de tal modo que um mero conjunto de moléculas jamais poderia ser.

Inteligência artificial

Outra sustentação oferecida pelo fisicalismo é o desenvolvimento da inteligência artificial (IA), que replica habilidades como a excelência no jogo de xadrez, algo que julgávamos anteriormente ser alcançável apenas por mentes geniais. Quanto mais a IA avança nas atividades intelectuais humanas, mais provável se torna que as mentes sejam tão físicas quanto os computadores. Os críticos respondem que esse progresso é enganador, porque a IA tem limites: ninguém espera que um computador escreva um bom livro de ficção ou invente piadas maravilhosas.

A mente é como uma cachoeira – uma entidade dramática e impressionante, composta do comportamento de algo muito simples.

DESCARTES E OS RACIONALISTAS
(1620-1720)

A Filosofia renasceu com o surgimento da ciência moderna, quando **René Descartes** (1596-1650) sentiu que precisava justificar sua pesquisa sobre a cosmologia. Influenciado pelo ceticismo antigo, ele voltou ao básico em seu *Meditações,* e questionou se nós podíamos ter certeza a respeito de qualquer coisa. Ao provar sua própria existência, identificando ideias inatas em sua mente, e então provando a existência de Deus (usando o *Argumento Ontológico*), ele ofereceu uma base segura para o conhecimento científico. Ele lançou o racionalismo moderno quando argumentou que o conhecimento resulta de julgamentos, não de experiências. Ele também se destacou por defender o *dualismo* – ou seja, que *a mente, ao contrário do cérebro, não é uma substância física.*

Baruch Espinoza (1632-1677) foi expulso de sua comunidade judaica por liberdade excessiva no modo de pensar. Ele rejeitava o dualismo de Descartes, acreditando que a mente e o cérebro fossem uma única substância. Aceitava o Argumento Ontológico a favor da existência de Deus, mas desenvolveu uma perspectiva *panteísta*. Existe apenas uma substância, portanto Deus e a natureza formam uma entidade unificada. Esse ponto de vista altamente não ortodoxo fez dele uma figura controversa. Espinoza também rejeitou o livre-arbítrio (que considerava uma ilusão) e abraçou o *determinismo* – que defende que tudo tem de ser do modo que é. Ele apresentou sua metafísica no livro *Ética* com a precisão de um texto de geometria.

O terceiro maior racionalista foi **Gottfried Leibniz** (1646-1716), que também foi um grande matemático. Inspirado por Descartes, mas muito crítico de Espinoza, ele partiu das suposições de que há um motivo para tudo e que as contradições são impossíveis. Deus existe e necessariamente escolheu o melhor mundo de todos os mundos possíveis – o que significava que o mal era uma contrapartida inevitável. Em seu *Monadologia,* ele afirma que a natureza deve ter uma base, que consiste em unidades fornecendo poderes ativos e reativos. Esses átomos de existência (chamados de *mônadas*) devem ser semelhantes a mentes, sem serem mentes. Nossas mentes são algo à parte e funcionam em um paralelo predeterminado com o corpo, iniciado por Deus. Ele defendeu o conceito de espaço relacional contra Isaac Newton.

DESCARTES E OS RACIONALISTAS

Descartes ajudou a ciência moderna ao descobrir bases seguras para o conhecimento.

CAPÍTULO SETE
PESSOAS

- *Humanos e pessoas*
- *O Eu*
- *Continuidade de Pessoas*
- *Livre-arbítrio*

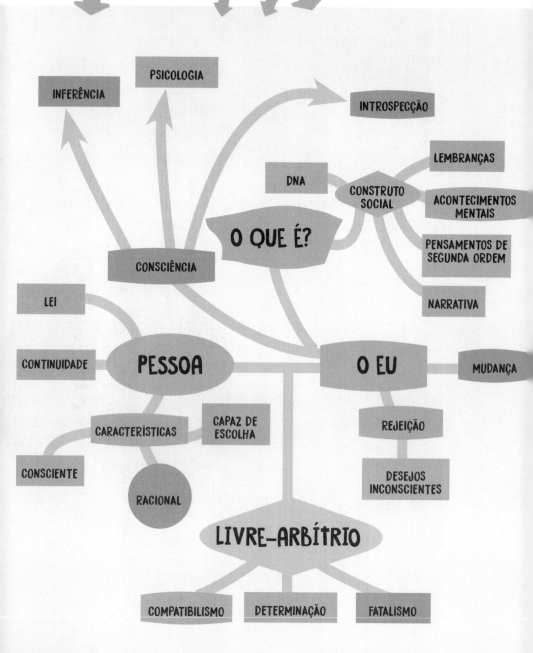

HUMANOS E PESSOAS

Um ser humano começa a existir antes de nascer e continua sendo um ser humano mesmo após a morte. O conceito de *pessoa* surgiu porque a lei precisava dessa definição para se referir à fase de um ser humano em que ele pode ser legalmente responsável por seus atos. Para ser culpado de um crime ou ser obrigado a cumprir um contrato, um sujeito deve permanecer a mesma pessoa ao longo do tempo. O que importa são as características mentais, como estar consciente e sensato, em lugar de ter um corpo humano. Para ser uma pessoa, segundo a definição legal, não é sequer obrigatório ser um ser humano – podem ser consideradas pessoas uma corporação ou até mesmo uma cidade. Surgem, então, três questões essenciais:

- O que conta como uma "pessoa"?
- Quando alguém continua sendo "a mesma" pessoa?
- Qual é o status de um humano que não é uma pessoa?

Quais características são necessárias para a existência de responsabilidade pessoal? Se uma pessoa não apresentar nenhuma desculpa para determinado ato, ela deve ter estado em pleno controle. John Locke sugeriu que uma pessoa precisa estar consciente, racional e ser

Características para a existência da responsabilidade pessoal

A pessoa, por John Locke
Consciente
Racional
Inteligente
Autoconsciente
Contínua
Capaz de fazer escolhas

razoavelmente inteligente, autoconsciente e contínua – e desde que seja capaz de fazer escolhas, essa visão continua sendo aceita geralmente.

Como a pessoa permanece a mesma é um pouco mais complicado. Pensamos em um ser humano recém-nascido e suas possíveis variantes senis como sendo o mesmo ser humano (com o mesmo DNA). Mas permanecer a mesma pessoa (no sentido adotado por Locke) é mais difícil, porque os estados mentais mudam bastante, e uma pessoa na infância

John Locke defendeu que uma pessoa deve ser consciente, racional, autoconsciente e contínua.

CAPÍTULO SETE

ou na extrema velhice não tem quase nada em comum com a mesma pessoa em seu auge. A solução mais fácil seria se todos tivessem um *Eu* que se formasse na infância e permanecesse exatamente o mesmo, desde que o cérebro não fosse danificado. Então, poderíamos dizer que, enquanto nossos pensamentos, humores e experiências mudam, o nosso Eu permanece fixo, como sujeito dessas atividades. A maioria das discussões a respeito de pessoas, portanto, concentra-se no Eu ou Ego.

O EU

Podemos perguntar se temos um Eu em dado momento, e deixar para depois o questionamento se o seu Eu persiste ao longo do tempo. Os primeiros budistas negavam inteiramente a existência do Eu, mas existem bons motivos a favor dessa existência. Nossos pensamentos e experiências não vagam aleatoriamente – eles pertencem a um sujeito. Esse sujeito se lembra do passado e planeja para o futuro, compara e reage ao que lhe acontece. Se ocorre um

Será que uma joaninha tem um Eu, ou o Eu é exclusividade da humanidade?

encadeamento de raciocínio, como uma demonstração matemática, o pensador precisa continuar essa ponderação durante o processo para manter a coesão da coisa toda. A qualquer momento, você não é uma massa de fragmentos em movimento, porque todos os seus acontecimentos podem ser focados em um único objetivo (como correr para pegar o trem). Alguns acontecimentos mentais são transitórios e triviais, mas outros têm grande importância para você, tais como suas lembranças, seus relacionamentos e suas principais crenças.

Consciência

Kant acreditava que o Eu era uma precondição para a experiência e o raciocínio.

Será que uma planta ou uma joaninha tem um Eu? Um organismo unificado tem interesses unificados, mas nós provavelmente não acreditamos que uma planta tenha um Eu por ela não ter consciência. Assim, seria a consciência elemento crucial para a existência de um Eu? A parte que unifica demonstrações matemáticas e se concentra no trem parece precisar de consciência, mas sua mente inconsciente também faz parte de você, então o Eu pode não ser muito preciso, e ter um Eu pode não ser esse tudo ou nada. Mesmo que uma joaninha seja, até certo ponto, consciente, ela parece não cumprir os outros critérios para a individualidade, o Eu próprio. É provável que ela tenha linhas de raciocínio bem curtas, poucos planos e crenças mínimas (embora nunca se saiba com certeza…). Quanto mais complexa a vida mental, mais parece ser necessária a existência de um ponto focal duradouro. A linguagem, por exemplo, precisa de um único falante para unificar um discurso longo.

Immanuel Kant admite que não conseguimos detectar um Eu interior, mas que existe uma óbvia necessidade de algo assim, algo que podemos reconhecer *a priori*. Não sabemos isso por observação, mas inferimos esse fato como uma precondição para a experiência e o raciocínio. Ele é uma presença indetectável, o que é essencial se quisermos compreender a vida mental.

Entretanto, talvez esses argumentos se foquem demais nos estados mentais e ignorem o papel do corpo. Internamente, você pode pensar que tem um Eu, mas outras pessoas o identificam pelo seu rosto e seu aspecto físico. A mente é, hoje em dia, vista como algo muito integrado ao corpo, e o pensamento tem uma forte dimensão corporal. Portanto, talvez o seu senso de individualidade seja muito mais como a sua imagem de seu próprio corpo – o que significa que perder uma perna realmente é perder uma parte do seu Eu, e se você muda de gênero, torna-se uma pessoa diferente.

O papel do corpo

Autoconsciência

A maioria dos argumentos a favor de um Eu é baseada na introspecção – no olhar voltado para nossas próprias mentes. Isso pode nos ajudar a compreender a nós mesmos e ainda dar um fundamento confiável para o conhecimento. Racionalistas dizem que existem verdades autoevidentes disponíveis na introspecção (depois de pensar um pouco), a partir das quais podemos inferir muitas outras verdades, quando elas são combinadas com a experiência.

Existe, contudo, um problema óbvio em tentar enxergar seu próprio Eu por meio da ***introspecção***: algo como um gato tentando pegar o próprio rabo, porque não há espelhos para um indivíduo

Tentar observar o próprio Eu por meio da reflexão é como um gato perseguindo o próprio rabo.

CAPÍTULO SETE

Uma testemunha, ao ver um homem segurando um pão, pode facilmente interpretar a cena como um homem empunhando uma arma.

enxergar a si mesmo. A introspecção tem todo tipo de limitações, tais como distinguir suas próprias emoções ou saber se você entendeu algo. Quando se sente raiva ou urgência ao fazer algo, a introspecção se torna impossível, portanto esses estados não podem ser analisados de forma direta. A pesquisa psicológica moderna também nos mostrou que os relatos das pessoas sobre suas motivações e princípios morais são bastante questionáveis, pois o que elas fazem de fato com frequência contradiz o que elas dizem que buscam fazer. Relatos de acontecimentos testemunhados recentemente também podem ser incrivelmente imprecisos. Assim, a introspecção tem óbvias limitações, portanto deveria ser tratada com muita cautela.

Todavia, ignorar a introspecção como fonte de conhecimento é drástico demais. Sua consciência de sua vida mental pode ser incerta, mas é uma análise melhor do que a de qualquer outra pessoa. Escaneamento cerebral e experimentos psicológicos não chegariam a lugar algum sem os relatos introspectivos dos sujeitos a respeito do raciocínio envolvido. A convicção de que suas experiências de infância, especialmente as mais vívidas, aconteceram com você é forte demais para ser descartada por relatos ocasionais de falibilidade mental. Isso pode não significar que conhecemos o Eu, mas oferece muita compreensão sobre nossa própria natureza e continuidade.

Rejeitando o Eu

		DUVIDANDO DO EU			
Budistas	**Immanuel Kant**	**David Hume**	**Friedrich Nietzsche**	**Neurociência Moderna**	
Não existe um Eu.	Não podemos detectá-lo, apenas inferir a existência do Eu devido à nossa experiência e nosso raciocínio.	Não existe um Eu, apenas um "pacote" de acontecimentos mentais.	Somos guiados por desejos inconscientes e não existe nenhuma entidade fixada que constitua um "eu" ao longo da vida.	Não existe nenhuma estrutura cerebral para desempenhar o papel do "Eu", mas pensamentos de segunda ordem podem oferecer uma base a ele.	

Um desafio mais drástico à individualidade veio do empírico David Hume, que declarou que não conseguia encontrar nenhum sinal de um Eu quando examinava a própria mente. Ele encontrava apenas um emaranhado de acontecimentos mentais sem estrutura, ao qual se referia como um "pacote". Podemos imaginar um "Eu", mas não existe nenhuma evidência para sua existência. A neurociência oferece alguma sustentação para essa perspectiva, já que nenhuma estrutura cerebral conhecida desempenha o papel necessário de Eu – apesar do fato de que o pensamento seria claramente impossível sem alguma coordenação. A presença de pensamentos de "segunda ordem" (pensamentos a respeito de pensamentos) pode oferecer certa base para um Eu – como a parte de você que decide em que se focar (concentrando-se neste livro, por exemplo), ou que julga o seu próprio comportamento.

Céticos dizem que devemos admitir que a ideia de uma entidade fixa e imutável que constituiria você por toda a sua vida é simplesmente falsa. Nietzsche foi ainda mais pessimista do que Hume sobre a possibilidade de conhecermos a nós mesmos por meio da introspecção.

Pensamentos de segunda ordem

David Hume só conseguia descobrir dentro de sua mente um pacote de acontecimentos mentais, em vez de um Eu coerente.

CAPÍTULO SETE

Hume pelo menos teve uma familiaridade rápida com o conteúdo de seu "pacote" de experiências, mas mesmo estas são enganosas se dependerem totalmente de como as interpretamos, e podem até ser inundadas por "estímulos" mentais inconscientes que não compreendemos. Nietzsche sentiu-se sendo varrido pelos poderes enterrados no fundo do interior da mente.

O Eu em transformação

Mais influente tem sido a afirmação de Hegel de que a introspecção não revelará o Eu, mas que nós podemos compreender nossa natureza essencial vendo-a em relação a outras mentes. Esse conceito foi desenvolvido por sociólogos em um rico relato do Eu como um "construto social". Se existe um Eu fixado, de onde ele vem? Ele parece ser fixado por nossa ascendência e DNA ("natureza") e talvez por treinamento durante a infância ("criação"). Na vida adulta, experimentamos influências sobre nossas emoções, opiniões e escolhas, mas a perspectiva tradicional afirma que permanecemos os mesmos enquanto isso ocorre. No entanto, se o Eu é um construto social, tudo isso está errado.

Construto social

Hegel afirmou que poderíamos compreender o Eu através de sua relação com outras mentes.

114

PESSOAS

MOLDANDO O EU

Georg Friedrich Hegel	Karl Marx	Existencialismo	Filosofia pós-moderna
Só podemos conhecer o Eu por meio de nossas experiências com os outros. O Eu é um construto social.	Nossas mentes são moldadas pela situação política e econômica.	Podemos refazer nosso Eu de acordo com nossos próprios ideais.	O Eu é o principal personagem na narrativa em andamento de nossas vidas.

Segundo Karl Marx, nossa consciência é moldada pela situação econômica e política.

Uma versão inicial dessa perspectiva social veio de Karl Marx, para o qual a natureza essencial de nossa consciência é moldada pela situação econômica e política em que nos encontramos. Nossas mentes são moldadas por quem controla a sociedade, e a maioria de nós se torna o que for mais conveniente à nossa posição social.

Uma abordagem mais individualista é a do Existencialismo, que afirma que o Eu pode de fato ser moldado de maneiras ilimitadas, mas nos insta a assumir o controle do processo, em vez de sermos passivamente influenciados pela sociedade. Como temos pensamentos de segunda ordem, podemos fazer e refazer o nosso Eu de acordo com nossos próprios ideais. Uma abordagem moderna ao Eu o conecta ao nosso amor profundo pela contação de histórias e trata o Eu como uma narrativa contínua, uma imagem de nós mesmos que se desenvolve (quase sem pensar a respeito) conforme progredimos pela vida. Nós temos um "eu narrativo", que é o personagem principal em um drama que se desdobra. Na visão narrativa, nossas vidas têm unidade e propósito, e outras pessoas desenvolvem suas próprias histórias ao lado das nossas. Somos fixos como o personagem principal, mas transformados pelos acontecimentos.

Existencialismo

Eu narrativo

115

CAPÍTULO SETE

CONTINUIDADE DAS PESSOAS

Advogados precisam que continuemos as mesmas pessoas, e todos nós pensamos em nós mesmos como essencialmente iguais desde a infância até a velhice, mas como pode ser, se o Eu está mudando constantemente e é fortemente moldado por influências sociais? Podemos nos agarrar a algo sobre o Eu, a despeito dessa variação? Uma solução óbvia é focarmos no corpo, que, pelo menos, segue uma trajetória ininterrupta pelo espaço e o tempo. Se você não é o mesmo que era quando bebê, em que momento a mudança ocorreu? Seu DNA permanece idêntico e suas fotografias são reconhecivelmente da mesma pessoa. Nós damos muito valor à existência corporal das pessoas, até antes ou depois de elas terem as qualidades que fazem delas uma "pessoa". Entretanto, temos pouquíssimo em comum com nossos Eus bebês, e não esperaríamos que alguém de trinta anos cumprisse uma promessa que fez aos cinco anos.

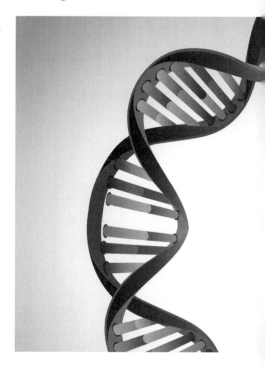

Seu DNA continua igual, mesmo quando sua situação social muda.

Lembranças

Locke sugeriu que o que importa não é que você acredite ser o mesmo que era aos cinco anos, mas que você *se lembre* de quando tinha cinco anos. Nossos dias e anos são unificados por longas ***cadeias de lembranças***. Podemos vê-las como parte de uma *narrativa*, mas também guardamos com carinho lembranças triviais, que são valorizadas por elas mesmas. Locke sugeriu, ousadamente, que você permanece a mesma pessoa apenas na medida em que consegue se lembrar dos acontecimentos, e caso tenha se esquecido totalmente deles, eles deixam de fazer parte de você. Ele também acrescentou que o seu corpo é parte da sua pessoa se você tiver consciência dele, de modo que o seu mindinho é uma parte de você, mas seu cabelo talvez não seja. Assim, você é a sua consciência, e você continua idêntico desde que faça parte dessa consciência estendida ao longo do tempo.

Thomas Reid logo encontrou alguns problemas nessa teoria. Segundo Locke, se você tem lembranças da infância quando está com trinta anos, então você é a mesma pessoa que aquela criança, e se uma pessoa idosa tem lembranças de quando tinha trinta, ela é a mesma pessoa que aquela de trinta. Mas e se aquela pessoa idosa conseguir se lembrar de quando tinha trinta, mas não de quando era criança? Então, esse indivíduo simultaneamente não é o mesmo que a criança (porque se esqueceu), e é o mesmo que a criança (porque é idêntico ao indivíduo de trinta anos, que é idêntico à criança). Contradição. Também parece que você deixa de ser culpado por seus crimes se você não se lembra mais de tê-los cometido – o que faz da amnésia uma grande vantagem para os criminosos.

Se Locke estiver correto, quando você se lembra de si mesmo quando criança, você ainda é aquela criança.

Evidências provenientes da Medicina Moderna

Essas críticas são sérias, mas a teoria tem visto um ressurgimento moderno por causa de novas evidências interessantes. Desde que o corpo funcione apropriadamente, é possível para um ser humano sobreviver com apenas metade do cérebro, e quando cirurgiões cortaram as conexões entre os dois hemisférios cerebrais (como parte de um procedimento médico), o resultado foi um comportamento que sugere que existam duas pessoas dentro do mesmo crânio. Podemos, portanto, imaginar (com bastante realismo) uma metade do seu cérebro sendo transplantada para outro corpo. Nesse caso, qual dos dois é você? Se quiser acompanhar principalmente onde sua consciência permaneceu, terá um interesse real nas duas metades do seu cérebro, o que sugere que você vai querer rastrear para onde sua consciência vai e as duas vidas que a acompanharão.

As críticas originais, no entanto, ainda se mantêm, e talvez não possam existir lembranças ou uma consciência unificada se não houver um controlador central que não apenas coordene o pensamento atual, mas também faça planos, relembre acontecimentos e até os molde em uma narrativa.

ONDE FICA LOCALIZADO O EU?			
Onde?	No corpo	Em nossas lembranças	Em nosso cérebro
Crítica	Nossos corpos mudam ao longo do tempo.	As coisas podem ser esquecidas – então, um criminoso com amnésia deve ser inocente.	Quando um cérebro é cortado em dois, o resultado parece ser duas pessoas vivendo em um único corpo.

CAPÍTULO SETE

Não culpamos uma raposa por seu comportamento, pois sabemos que ela não tem escolha.

LIVRE-ARBÍTRIO

A vontade (ou arbítrio) de uma pessoa é "livre"? Ou seja, será que ela tem pleno controle sobre seus atos de um modo que outros fatores não têm, como o clima, por exemplo? Muitos pensadores acreditam que a responsabilidade moral é impossível sem *livre-arbítrio*. Nós normalmente não culpamos raposas por seu comportamento, pois elas não podem escolher agir de outra forma, mas elogiamos e culpamos pessoas maduras, pois elas podem ter controle total sobre o que fazem. Primeiro, porém, devemos perguntar *o que é*, precisamente, o livre-arbítrio, e se é possível que algo tenha esse poder.

A alegação mais forte sobre o livre-arbítrio está associada a um ser supremo. Para ser "supremo", tal ser deve dominar a natureza, e não estar sujeito às leis desta (e, de fato, pode ser o criador dessas leis). Este precisa de um poder de escolha que não esteja sujeito a influências externas. Se a causalidade forma cadeias de causa e efeito, um ser plenamente livre deve gerar causas que não sejam efeitos de qualquer acontecimento prévio, mas sim que se iniciem a partir do nada. É difícil imaginar um ser puramente físico tendo tal poder se estiver enredado nas causalidades normais da natureza. Algum aspecto da mente deve se libertar da natureza física, seja como uma substância separada, seja como uma propriedade única.

COMPATIBILISMO ▶ Seres físicos não podem ter liberdade total, mas ainda podem ter agência causal.

Uma afirmação mais fraca (chamada de *compatibilismo*) é que, embora os seres físicos não possam ter liberdade total, eles ainda têm um tipo distinto de causalidade natural (*agência causal*) que permite ações mais controladas do que aquelas causadas em sistemas climáticos. Tal agência causal surge porque o ser tem uma mente consciente, ou porque ele é capaz de raciocinar, ou ainda porque ele tem pensamentos de segunda ordem.

Agência causal

A favor do livre-arbítrio, às vezes se diz que não existe nada mais óbvio. Quando enfrentamos uma escolha, contemplamos as opções, levamos o tempo que for necessário, e então iniciamos uma ação quando julgamos que ela seja a melhor. Estamos conscientes do processo todo e podemos ver que temos completo controle.

Enfrentando a tentação
Somos capazes de escolher mesmo quando enfrentamos as mais fortes tentações:
- Viciados em drogas conseguem superar o vício
- Prisioneiros resistem à tortura

CAPÍTULO SETE

A mente subconsciente

Não existe um ponto além do qual nós *devamos* ceder à tentação. Nossos processos de raciocínio também parecem oferecer uma boa sustentação ao conceito de livre-arbítrio. Toda a noção da razão requer um distanciamento calmo que se eleve acima das pressões causais, portanto a ausência do livre-arbítrio implica que não somos, de forma alguma, seres racionais (o que parece ser falso). Sempre que encontramos uma razão para agir, podemos encontrar uma razão alternativa para não agir, e nessas situações apenas a vontade pode servir como critério de desempate, então ela deve se erguer acima de todas as pressões. Se o pensamento de segunda ordem é importante, até mesmo pensar a respeito da liberdade pode provar que somos livres.

Espinoza argumentou que você nunca escolhe livremente – você só não conhece as causas ocultas por trás da sua escolha.

Opositores dessa ideia acreditam que tamanho otimismo é uma ilusão. Espinoza disse que, quando você acha que está escolhendo livremente, isso só acontece porque você não conseguiu descobrir as causas ocultas de seu comportamento. Hoje em dia, a mente subconsciente nos dá a localização dos motivos secretos, e até das razões secretas, e é impossível provar que poderes reais de escolha não estejam escondidos de nós. Se desejarmos algo com aparente liberdade, não sabemos de fato de onde veio essa decisão final; as decisões podem simplesmente nos ocorrer, assim como todos os nossos outros pensamentos ocorrem na consciência, sem serem convidados. Neurocientistas já demonstraram que o cérebro inicia o ato final antes mesmo de alcançar a consciência.

DETERMINISMO ▶ *Todo acontecimento, inclusive as ações humanas, tem uma causa anterior que necessita de sua ocorrência.*

Se rejeitamos o livre-arbítrio, então a alternativa parece ser o *determinismo*, que afirma que todo acontecimento, inclusive as ações humanas, têm uma causa anterior que necessita de sua ocorrência. A chuva tem de cair quando as condições estiverem propícias, e os pensamentos e decisões humanas não são diferentes. Em princípio, pensava-se que, se o momento presente fosse conhecido por completo, todo o futuro poderia ser previsto – embora a mecânica quântica (que lida com probabilidades, em vez de certezas) solapou essa confiança. Alguns pensadores até abraçam o *fatalismo*, a crença de que nossas decisões são vãs, porque o futuro já está decidido.

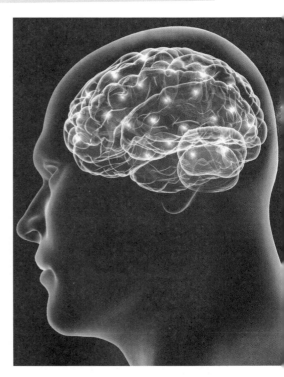

A neurociência moderna demonstrou que as decisões começam no cérebro antes de chegar à consciência.

FATALISMO ▶ *O futuro já está determinado.*

A maioria dos filósofos ri dessa afirmação, porque nossas escolhas fazem parte do que foi determinado, então podemos muito bem seguir escolhendo.

A HISTÓRIA DA FILOSOFIA

George Berkeley via Deus como o entendedor universal.

OS EMPÍRICOS
(1600-1820)

O surgimento da ciência encorajou a filosofia empírica. **Thomas Hobbes** (1588-1679) disse que o pensamento são apenas movimentos físicos no cérebro. Não existe espaço para o livre-arbítrio nem para valores morais idealistas, que são somente acordos entre as pessoas. Ele não via nenhuma evidência da existência de Deus. Hobbes propôs o conceito de *contrato social* em política – segundo o qual apenas o consentimento das pessoas legitima o governo. Ele defendia a monarquia absoluta como fiscal dos acordos sociais.

John Locke (1632-1704) rejeitou a crença de Descartes em ideias inatas, dizendo que a mente é uma folha em branco e que apenas a experiência produz conhecimento. Nossas ideias de Deus ou triângulos ou cavalos resultam de experiências comparativas e simplificadoras. Ele distinguiu qualidades primárias (como formato e peso), que são características reais, de qualidades secundárias, como cor e cheiro (que são subjetivas e enganosas). Locke disse que um ser humano não é o mesmo que uma *pessoa* plenamente desenvolvida. Na política, ele defendeu o contrato social e disse que os direitos de propriedade são a base da sociedade.

George Berkeley (1685-1753) sentia que tudo o que conhecemos de verdade é o nosso mundo interior de experiências, mas que não sabemos nada da suposta realidade por trás delas. Portanto, nosso conhecimento de uma árvore não é nada além da consciência de certas formas e cores na mente. Ele era um bispo e via Deus como o entendedor universal, que sustenta a realidade enquanto o restante de nós não tem consciência dela. Essa afirmação desafiadora é a versão *idealista* do empirismo – porque a realidade é mental, não física.

David Hume (1711-1776) foi o mais cético dos grandes empíricos. Ele duvidava da existência do Eu – porque ele não podia vivenciá-lo. Ele reduziu a causalidade a meros padrões nos acontecimentos. Negou que houvesse qualquer lógica na indução (o aprendizado a partir das experiências comuns) e insistiu que nunca se deve acreditar em milagres. Ele achava que todas as nossas ideias podiam ser analisadas até chegarmos às impressões sensoriais. Hume influenciou imensamente os empíricos posteriores.

Como bom empírico, **Jeremy Bentham** (1748-1832) deduzia a moralidade da experiência, de prazer e sofrimento. Seu *utilitarismo*, porém, é generoso e tem como objetivo maximizar o prazer universal (e minimizar o sofrimento).

CAPÍTULO OITO
PENSAMENTO

• Modos de pensamento • Mecânica do pensamento • Conteúdo • Conceitos • Compreendendo a ação • Intenção de agir • Ato de vontade

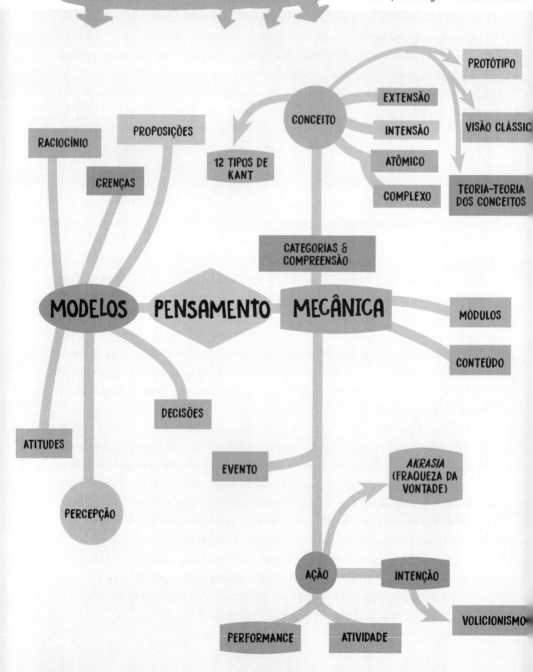

124

MODOS DE PENSAMENTO

Desconsiderando-se as questões sobre o que é a mente, como ela se relaciona com o corpo e se ela é controlada por um Eu, podemos ainda tentar compreender a natureza do pensar sem nos preocupar com de onde ele vem. Os filósofos estudam o pensamento em relação à verdade, ao conhecimento, às ações e aos valores, que são suas preocupações mais amplas.

"Pensamento" é um termo vago que cobre tudo o que ocorre na consciência (e possivelmente até alguns acontecimentos mentais inconscientes), de modo que o classificar em vários tipos é um bom começo.

PENSAMENTOS	CAPACIDADES MENTAIS
Emoções	Foco
Proposições	Obediência às regras
Atitudes	Abstração de aspectos das coisas
Julgamentos	Generalização
Crenças	Trato de tópicos como objetos (como economia, por exemplo)
Percepção	Detecção de semelhanças (como presumir que um fio esticado está "reto")
Imaginação	Idealização das coisas
Lembranças	
Razão	
Motivos	
Decisões	

Algumas emoções ocorrem em relação a algo (como o medo de ratos), e outras (como a melancolia) são simplesmente humores. Desejos, que fazem parte da nossa motivação, envolvem um aspecto emocional, e a neurociência nos diz que todo pensamento, até as contas de cabeça, são emocionais em algum sentido.

PROPOSIÇÕES ▶ *Pensamentos que podem ser verdadeiros ou falsos.*

Proposições são pensamentos que podem ser verdadeiros ou falsos; se eu puder expressar o pensamento de que o trem está atrasado em português ou em espanhol, então o pensamento não expresso é a proposição. *Atitudes proposicionais* são as reações que temos às proposições, tais como nos perguntar se, temer que, torcer para que, ou nos ressentirmos pelo fato de o trem estar atrasado. Uma atitude particularmente importante é um julgamento de que a proposição é verdadeira, ou "acreditar" que o trem está atrasado.

Proposições

CAPÍTULO OITO

Memórias lotam nossa mente, mas não são sempre claras ou precisas.

As percepções produzem acontecimentos mentais, que podem ser pensamentos brutos instantâneos ou podem ser moldados por nosso esquema de conceitos. Nossa mente também é cheia de memórias. Podemos achar que a memória é aquilo de que conseguimos nos lembrar, mas nós nos lembramos de muito mais do que isso, porque reconhecemos lugares e rostos quando tornamos a nos deparar com eles, apesar de não conseguirmos nos lembrar deles antes. Nossas lutas para lembrar das coisas proporcionam um vislumbre enfurecedor do quanto é pequeno o controle que temos às vezes sobre as nossas mentes. Também temos uma habilidade extraordinária para imaginar coisas que nunca vivenciamos. Essas imagens não são construídas; elas chegam completas, do mesmo modo quando imaginamos um rosto que nunca encontramos.

Acontecimentos mentais

Raciocínio

O raciocínio é um dos principais modos de pensamento para os filósofos e vem nas formas teórica e prática, buscando crenças verdadeiras ou ações apropriadas. O status do raciocínio varia do alto valor depositado na razão pura até um sério ceticismo acerca das diversas versões de racionalidade que emergem de culturas diferentes. Analisar seu papel no pensamento pode ajudar a arbitrar nesse debate.

MECÂNICA DO PENSAMENTO

Os filósofos recorrem aos recursos mais amplos do pensamento para sugerir quais tipos de estrutura estão subjacentes. Uma sugestão importante vinda de Kant foi a de que a mente possui "categorias de entendimento". Ele se perguntou o que era essencial para permitir que as mentes tivessem experiências como as nossas, e propôs categorias de conceitos agrupados sob os tópicos de quantidade, qualidade, relação e modalidade. Pensadores rivais, como Aristóteles e Hegel, oferecem sistemas alternativos

Categorias de entendimento

de categorias, então não há um consenso nisso, mas podemos muito bem impor estruturas impensadamente em nossa vida intelectual.

Um desdobramento moderno começou com o pensamento sobre como nós adquirimos a linguagem. As crianças aprendem rapidamente a falar de modo muito preciso, virtualmente, sem nenhuma lição, o que sugere que a mente tem um módulo embutido que contém as habilidades necessárias de gramática e conceitos, disparados, então, pela experiência. Mas se temos um módulo para a linguagem, por que não temos outros módulos para capacidades mentais relacionadas à Psicologia, Biologia, Física e Geometria?

Todos nós temos um assistente pessoal interno, que nos relembra onde está nosso telefone e quando está na hora de sair. Cada módulo pode representar um passo adiante na evolução humana. Jerry Fodor, que propôs que a mente é *modular*, também depreendeu que o cérebro precisa de uma linguagem interna (a *linguagem do pensamento*, que lembra o código usado nos programas de computadores) de modo a representar as imagens e conceitos que manipulamos quando pensamos.

Jerry Fodor propôs a ideia da mente modular.

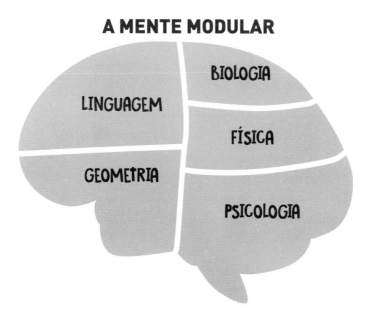

CAPÍTULO OITO

Se alguém lhe diz uma única palavra, como "zebra", isso dispara uma área inteira do seu conhecimento.

A palavra "zebra" dispara:

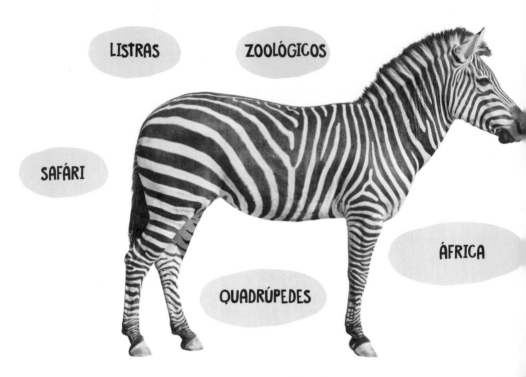

Isso é exatamente como abrir um arquivo em um sistema de dados organizado; então, a ideia de **arquivos mentais** oferece uma descrição muito útil do pensamento. "Zebra" é o rótulo desse arquivo em particular. Às vezes, um arquivo pode ter dois rótulos (como "Mumbai" e "Bombaim") ou dois arquivos podem ter o mesmo rótulo (como duas cidades chamadas "Plymouth").

Podemos imaginar nossa mente como um sistema elaborado de arquivamento.

128

O problema da moldura

Uma abordagem diferente à mecânica do pensamento é tentar construir uma máquina que pense. A inteligência artificial tem sido muito bem-sucedida até agora com o pensamento preciso e baseado em regras, como no jogo de xadrez, mas não é muito boa em tarefas que exigem muito histórico – o chamado **problema da moldura**, tais como falar da maneira mais adequada num funeral. Até que ponto uma máquina conta como "pensamento" não está muito claro, embora a habilidade de manter uma conversa longa tenha se tornado um ideal a ser atingido pelos pesquisadores de IA.

A inteligência artificial se provou muito eficaz no pensamento baseado em regras, como no jogo de xadrez, por exemplo, mas não está claro até que ponto isso se torna um pensamento verdadeiro.

CAPÍTULO OITO

CONTEÚDO

Conteúdo e significado

Se um detetive e um criminoso estiverem pensando sobre "crime", eles estão pensando na mesma coisa, mas seus pensamentos provavelmente terão **conteúdos** diferentes. O conteúdo é sobre o que o pensamento é, e, se o pensamento é expresso em palavras, então o conteúdo é seu "significado" (que é o que o ouvinte precisa entender para compreender as palavras). Um único pensamento pode mudar seu conteúdo (como "Veneza é linda" antes e depois de uma visita). Quando encontramos cavalos pela primeira vez, a presença desses animais gerou um conceito na mente humana, ou o conceito foi inventado como uma ferramenta para nos ajudar a pensar sobre eles? A relação não pode ser simples, porque outros conceitos sobre animais (tais como alimentação e corrida) também estão envolvidos no conceito de "cavalo".

Com frequência, julga-se que o pensamento habita o interior da mente, com o conteúdo inserido dentro dele como uma noz dentro da casca.

Nós visualizamos um pensamento como algo dentro da mente, com seu conteúdo inserido como uma noz em sua casca. Entretanto, tem havido um desafio importante a essa ideia: Hilary Putnam observa que muitos de nós não conseguem identificar um olmo só de olhar; no entanto, quando conversamos sobre "olmos", todos queremos dizer a mesma coisa – a saber, os olmos reais. Só podemos fazer isso se pessoas conhecedoras decidirem quais árvores são olmos e o restante de nós aceitar essa decisão. Isso implica que o conteúdo de "olmo" não é intrínseco à mente, e sim parte da natureza social da linguagem. Essa perspectiva é conhecida como **externalismo** sobre conteúdo (ou **conteúdo amplo**). Ela sugere que nossas mentes e pensamentos escorrem para o mundo, com implicações sobre a individualidade e a sociedade.

CONCEITOS

A noção de um *conceito* é crucial para nossa compreensão de pensamento. Somente podemos explicar o comportamento dos animais se eles estiverem pensando, e um pássaro não poderia se concentrar em um ninho sem um conceito de ninho. Mesmo que rejeitemos essa visão, os humanos têm conceitos que são anteriores à linguagem, já que bebês pequenos podem categorizar coisas e adultos podem formular um novo conceito antes de pensarem em uma palavra para ele. Assim que a linguagem é envolvida, duas palavras (como "calçada" e "passeio") podem expressar o mesmo conceito, e palavras ambíguas, como "banco", podem expressar dois conceitos diferentes.

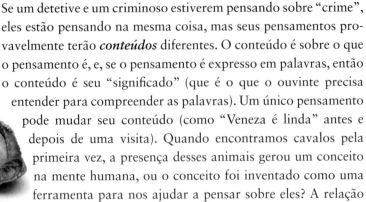

Um pássaro precisa de um conceito de "ninho" para poder se concentrar nele.

130

PENSAMENTO

A extensão de "nuvem" refere-se a todas as nuvens no mundo, tanto existentes quanto possíveis.

Definindo "jogos"

Alguns conceitos, como o de "jogo", parecem até impossíveis de definir. Wittgenstein disse que existe uma "semelhança familiar" entre jogos, mas nenhum elemento essencial compartilhado necessário para uma definição. Compare o futebol americano a tentar jogar sua caneta dentro de uma xícara de café. Ambos são descritos com frequência como "jogos", mas o que eles têm em comum? Não obstante, muita gente já tentou definir o conceito – e é possível que Wittgenstein estivesse errado.

Cada conceito tem uma ***extensão*** e uma ***intensão*** (repare no "s"). A extensão de "nuvem" são todas as nuvens existentes e possíveis no mundo real, e sua intensão são os critérios que decidem se algo pertence à extensão. A maioria das discussões de conceitos se concentra nas intensões, mas os lógicos apreciam as extensões porque elas são os objetos sobre os quais raciocinamos, os que são compreendidos mais claramente. Os conceitos mais simples são chamados de "atômicos", e os outros de "complexos" – embora não seja fácil dizer quando um conceito se qualifica como "simples". Podemos ter poucos conceitos inatos (como um "objeto") e é possível que eles sejam muito numerosos. Parece não existir uma forma de resolver a questão de onde vêm os conceitos, então o foco principal tem ficado na natureza essencial deles.

Extensão e intensão

Conceitos atômicos e complexos

CAPÍTULO OITO

A visão clássica afirma que a essência de um conceito é dada por uma definição acurada, que dá as condições necessárias e suficientes para aplicar o conceito. Assim, uma "nuvem" precisa necessariamente estar na atmosfera, ser feita de líquido vaporizado, ser visível, unificada, e não ser grande o suficiente para cobrir o céu. Algo com todas essas características pode ser suficiente para ser uma nuvem. (Note que as definições dos filósofos normalmente são mais meticulosas do que aquelas encontradas nos dicionários.)

O PROTÓTIPO	OS EXEMPLARES	O AGLOMERADO DE CONHECIMENTO
A nuvem perfeita	Uma variedade de espécimes de nuvens	Informação padrão sobre nuvens

Se você refletir sobre seu conceito de "leopardo", provavelmente visualizará um leopardo bem comum – um protótipo em comparação ao qual outros candidatos podem ser analisados, comparando características. Isso é eficiente para pensar, concentrando-se no que é óbvio a respeito do conceito. Entretanto, isso deixa aberta a questão de quais elementos são importantes – manchas ou bigodes? – e, em muitos casos, não fica claro o que o protótipo deveria ser. O que é um "móvel" ou "transporte" típico, por exemplo?

> **A Teoria-Teoria dos Conceitos**
> A ideia de que conceitos são pequenas coleções de conhecimento (a chamada *Teoria-Teoria dos Conceitos*) se afasta de exemplos visualizados e enfatiza que muitas informações podem estar envolvidas na compreensão de um conceito: que cavalos são mamíferos, que devem comer, beber e dormir, e que podem ser usados como montaria. A teoria-teoria também é bastante subjetiva, sugerindo que jamais compartilhamos os mesmos conceitos porque cada um de nós tem um conhecimento diferente a respeito deles.

Se você nunca viu nenhum meio de transporte além de barcos, você tem um conceito muito particular do que é transporte.

A gama de um conceito é mais bem explicada por muitos exemplares – como diferentes modos de transporte. No entanto, se você viu apenas barcos, e eu vi somente cavalos, nossos conceitos de "transporte" serão inteiramente diferentes. A descrição correta de conceitos pode ser uma combinação dessas teorias.

COMPREENDENDO A AÇÃO

Todos nós (até mesmo os filósofos) passamos mais tempo pensando sobre a prática do que sobre a teoria; portanto, a atividade mental em torno das ações é de grande interesse, especialmente no que tange à moralidade. Nós planejamos, escolhemos e julgamos ações, e precisamos de uma imagem clara de seus estágios e ingredientes, particularmente quando estamos analisando responsabilidade.

O primeiro passo é distinguir entre uma "ação" e um "acontecimento". Um terremoto é um acontecimento, mas não uma ação, porque ninguém "faz" um terremoto. A perna de alguém se contraindo durante o sono é um acontecimento e não uma ação, porque ações dizem respeito a "agentes" que tomam decisões, normalmente com intenções, razões e motivos. Não está claro se um robô poderia ser um agente, mas a teoria da ação estuda principalmente ações humanas conscientes e deliberadas.

Ações e acontecimentos

Atividade e desempenho

Se eu vou de carro até meu trabalho, isso é uma ação apenas, a combinação de várias ações ou uma sequência de minúsculas ações numerosas demais para contar? O que vale como uma ação e por quanto tempo ela pode se estender? Isso só importa se quisermos classificar ações, mostrar as relações entre elas ou prever consequências. Por exemplo: caminhar é uma "atividade", então você pode dizer "Eu caminhei hoje" quando ainda está executando essa atividade, mas lavar a louça é um "desempenho", de modo que você precisa terminar antes que possa dizer "Eu lavei a louça". A questão importante diz respeito a relações causais entre ações. Normalmente,

Atividade e desempenho

ONDE ESTÁ O COMEÇO?
INTENÇÃO
ATO DA VONTADE
MOVIMENTO

CAPÍTULO OITO

nós dizemos que um acontecimento distinto causa outro, como um terremoto causando um tsunami. Mas o fato de eu ter fritado alguns ovos não fez com que eu preparasse o café da manhã. Se imaginarmos a realidade como cadeias contínuas de causalidade, precisamos separar todas as ações; entretanto, elas se sobrepõem, e em parte dependem de como as descrevemos. Jogar uma bola tem um final claro, portanto desempenhos são mais nítidos. Contudo, uma ação começa com uma intenção, um ato da vontade ou um movimento? Se ações são movimentos, então podemos observá-las e medi-las – mas, quando envolvemos desejos, motivos, intenções e decisões, fica mais difícil descrevê-las com precisão.

INTENÇÃO DE AGIR

Motivos e intenções

No Direito, se alguém deixa cair um tijolo no seu pé, essa ação só pode ser classificada como um crime se a pessoa tinha a intenção de fazê-lo; mas o que isso significa?

- A intenção é uma emoção ou um julgamento?
- As pessoas devem conhecer suas próprias intenções e ser capazes de explicá-las?

Um tijolo que cai em você não é um crime em si – é necessário que exista a intenção de alguém em deixá-lo cair em você.

- As intenções são uma categoria distinta de pensamento, ou são compostas por outras capacidades mentais? Existe mais de um tipo de intenção?
- Um grupo de pessoas pode ter uma intenção em comum?

Um motivo não é o mesmo que uma intenção, já que nossas razões e desejos podem nos empurrar no sentido de uma ação, mas nós podemos jamais formar uma intenção de executá-la. O motivo, e não a intenção, é a principal explicação para um ato, porque ele nos diz por que essa intenção foi formada e então colocada em prática. Assim, motivos parecem envolver razões, que podem ser expressas em palavras. Alguns filósofos dizem que os desejos são as principais

PENSAMENTO

razões para as ações, mas um desejo forte poderia ser uma razão para *não agir* (se o ato fosse visto como mau). A ideia de que razões predominam é fortalecida se essas razões forem vistas como tendo poderes causais, de modo que as razões possam realmente disparar a ação. É difícil discutir ações e responsabilidade com sensatez se não acreditarmos que razões estejam motivando essas ações.

Intenções prévias e contínuas

Se você analisar sua própria intenção de fazer alguma coisa, não vai descobrir uma emoção pura como a ansiedade, porque as intenções se concentram principalmente no que precisa ser feito. Nós notamos com frequência as intenções de um animal ao observar o que ele faz. Mas as intenções têm tanto aspectos internos quanto externos, porque podem ser determinadas ou indiferentes; você pretende apertar um botão e o aperta, mas tem a intenção de viajar para Veneza ao mesmo tempo em que o faz. Talvez uma intenção seja como uma promessa em particular para si mesmo.

Você pode continuar pretendendo viajar para Veneza durante um longo tempo.

CAPÍTULO OITO

Julgamentos e desejos

A principal divergência reside entre aqueles que veem as intenções como julgamentos e aqueles que as reduzem a um desejo e uma crença. Se alguém pretendia soltar um tijolo, então essa pessoa (se for honesta) pode revelar suas razões para fazê-lo, o que implica que as razões guiaram a decisão. A perspectiva rival (associada a David Hume) afirma que as pessoas simplesmente têm um desejo emocional, combinado com crenças sobre o comportamento dos tijolos, e não é preciso nada mais (como um julgamento). Críticos dessa visão dizem que podemos não formar uma intenção factual mesmo quando temos os desejos e crenças apropriados, mas sempre é possível responder que o que nos restringe (como a preguiça ou a consciência) pode ser reduzido a outros desejos.

Antes que possamos eliminar as intenções de nossa teoria da ação, devemos reconhecer suas próprias características distintas. Por exemplo: você não pode simultaneamente pretender virar à esquerda e à direita, você (de modo geral) não pode querer virar à esquerda quando o seu destino final é à direita, e não pode pretender voar até a Lua montado em um cisne; então, intenções devem ser consistentes umas com as outras, coerentes com o fim desejado e aparentar ser viáveis. Isso sugere que as intenções são mais racionais do que meros desejos.

Você não pode pretender virar à esquerda e à direita ao mesmo tempo.

Um indivíduo não pode pretender levantar um ônibus que esteja sobre um sujeito, mas um grupo de pessoas pode; um grupo pode, então, ter uma intenção? Cada pessoa pode se concentrar na meta compartilhada, mas elas devem também pretender que as outras pessoas compartilhem dessa intenção, de modo que há um aspecto comunitário nas intenções. A meta da equipe pode ser reduzível a estados individuais da mente, mas estes são mais complexos do que simplesmente desejar fazer algo.

ATO DE VONTADE

Relatos tradicionais de ações normalmente afirmam que elas se originam *na vontade*. A versão mais simples disso é o *volicionismo*, que afirma que não existe nada mais em uma ação do que o ato de vontade envolvido nela, mas isso soa errado, pois deixa de fora os movimentos corporais.

PENSAMENTO

VOLICIONISMO ▶ ação = o ato da vontade

Ter vontade de andar não é o mesmo que andar. Sugere-se até que a vontade tenha sua própria potência causal ("agente causal"), que teria uma independência de ação única. Os maiores desafios a essa afirmação sustentam que a vontade não existe (porque a introspecção não revela nada semelhante a isso), ou que estamos confundindo o intelecto ou o último desejo antes da ação (seja lá qual dos dois for o responsável por esse trabalho) com uma entidade mental distinta. Esse, porém, não é o fim da discussão, pois a neurociência moderna dá alguma sustentação à ideia de um controle central do pensamento e das ações, para o qual "a vontade" é o melhor nome. Quando todas as intenções, razões e desejos estão alinhados, ainda é preciso que exista um gatilho inicial para colocar as coisas em movimento; fazer de fato precisa de um iniciador.

A vontade de andar não é o mesmo que andar de fato.

Fraqueza da vontade

Um enigma antigo diz respeito ao fenômeno da *fraqueza da vontade* (do grego *akrasia*, falta de controle). O que está no comando das suas ações: seu julgamento ou seus desejos? Se você julga firmemente que deve abrir mão de chocolate, mas depois sucumbe à tentação e come um pouco de chocolate, isso sugere que os desejos assumiram o controle e que a sua mente tem fontes conflitantes para a ação. Sócrates, contudo, acreditava que apenas julgamentos levam a ações, de modo que a explicação dele era que você não acreditava de verdade em seu próprio julgamento de não comer chocolate. Você deve ter uma crença secreta de que é bom comer chocolate, ou de que qualquer prejuízo que ele cause não se aplica a você. Nossa atitude quanto à responsabilidade moral é influenciada por nossa perspectiva de como agimos, e é importante lembrar que nós também temos pensamentos de segunda ordem – podemos desejar não desejarmos algo, e julgar que nossas razões são razões ruins.

Akrasia

Quando você come chocolate depois de decidir que abriria mão disso, você tomou uma decisão ou sucumbiu aos seus desejos?

KANT E HEGEL
(1780-1830)

Immanuel Kant (1724-1804) pretendia descobrir a fronteira entre a especulação racionalista e as dúvidas empíricas. A metafísica deve analisar nossas próprias mentes, pois elas impõem *categorias* sobre a realidade. A realidade é incognoscível, mas devemos experienciar as coisas de certas maneiras, e a análise *a priori* dessas maneiras é o melhor que podemos fazer. A mente tornou-se o foco principal da Filosofia. Até o tempo, o espaço e a causalidade são modos humanos de enxergar a realidade. Muitos dos argumentos dele revelam as pressuposições da nossa compreensão. Precisamos presumir um Eu e a existência do livre-arbítrio, porque nossa racionalidade precisa deles. A moralidade pode ser deduzida a partir de nossa necessidade de desejar princípios racionais consistentes. Suas perspectivas políticas repousam sobre o contrato social e o respeito aos seres racionais, mas ele acrescentou a isso uma dimensão internacional. A beleza é vista como uma forma ímpar e racional de prazer. Ele rejeitava argumentos tradicionais a favor da existência de Deus, mas via Deus como uma pressuposição inescapável da moralidade.

Interpretações dos conceitos de Kant colocaram a Filosofia em dois caminhos diferentes, resultando nas filosofias *analítica* e *continental* (esta última, na Alemanha e na França). O primeiro grupo admirava o pensamento moral e político de Kant, além do papel da mente na metafísica. O segundo grupo percebia que Kant havia provado que o contato direto com a realidade era impossível, e, assim, tendia ao idealismo.

Georg Hegel (1770-1831) empenhava-se em começar a pensar sem nenhuma pressuposição, e trabalhar a partir daí para chegar à realidade. O que lhe ocorreu em seus últimos estágios foi o papel crucial da sociedade e da história em nossas formas de compreensão. Ele adaptou a ideia da *dialética* para significar a forma com que um único conceito inevitavelmente surge a partir de outro, o que acompanharia a ordem racional do que ocorre na natureza. O Eu não é individual, e sim descoberto nas relações sociais, e a sociedade é um organismo natural, em vez de depender de um contrato.

KANT E HEGEL

Georg Hegel redefiniu a ideia da dialética.

CAPÍTULO NOVE
LINGUAGEM

- Natureza do significado
- Referência • Semântica
- Proposições • Analiticidade
- Comunicação

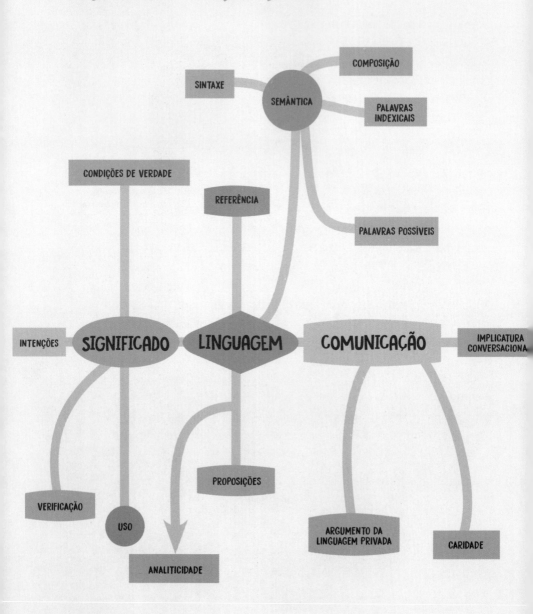

LINGUAGEM

NATUREZA DO SIGNIFICADO

A filosofia moderna tem se concentrado mais em como a mente se relaciona com o mundo do que no mundo em si. A linguagem já foi tratada como algo "transparente" – levando diretamente do pensamento ao conhecimento –, mas agora vemos que isso não é tão simples. O conceito crucial é o de "significado" – o que separa a linguagem do rebuliço de ruído que a cerca. A abordagem inicial afirmava que as palavras simplesmente se prendem a "ideias", mas Gottlob Frege descobriu componentes diferentes no significado. Se eu digo que "a senha é 'peixe-espada'", isso tem um significado literal e um significado como senha. Se eu digo que "James está doente", o predicado "está doente" dá informação, mas "James" apenas aponta para alguém. Assim, Frege declarou que o significado pode envolver *sentido* (o conteúdo das palavras) e *referência* (que escolhe itens para serem discutidos). Existem ainda outros aspectos no significado – como podemos ver nas metáforas, ênfases, sarcasmos e assim por diante. Nossa primeira tarefa é entender o significado ou sentido literal das palavras e frases.

Frege afirmava que o significado demandava sentido e referência.

Sentido e referência

A ciência da Linguística explora os significados através da análise da maneira como as pessoas realmente falam. Isso amiúde resulta em teorias complexas nas quais vários aspectos da fala (como a intenção, o tom, o contexto e a linguagem corporal) se combinam. Os filósofos se concentram mais na lógica e na verdade e tendem a analisar o "significado estrito e literal" das frases. Portanto, nossa primeira tarefa é compreender como declarações diretas se conectam com o mundo.

CAPÍTULO NOVE

Condições de verdade

A condição de verdade em uma frase é como o mundo seria se a frase fosse verdadeira. Assim, o significado de "pombos voam" é a situação em que eles voam, e o significado de "porcos voam" é como o mundo seria se eles realmente voassem. Essa teoria tem a vantagem de conectar diretamente significado e realidade (reduzindo a oportunidade para surgir ceticismo), mas não fica claro até que ponto objetos físicos podem contar como "significados". Poderíamos dizer, ao invés disso, que as condições de verdade estão em nossas representações dos pombos (em vez de na coisa real). Estes podem ser contados como imagens, mas isso deixaria a coisa específica demais (quantos pombos há na imagem?), e coloca os significados de volta em meio às nossas ideias, o que descarta o principal atrativo da teoria. Podemos até descobrir as condições de verdade de uma frase em alemão, sem saber o que ela diz de fato.

A teoria das condições de verdade é atraente porque nos faz falar a verdade numa atividade humana básica (com mentiras e falsidades como uma consideração *a posteriori*), e sua ênfase na verdade (em vez de metáforas e expressões de sentimentos) parece oferecer a descrição obrigatória de significado estrito e literal. A maior objeção é a observação de que precisamos conhecer o significado de uma frase *antes* de podermos analisar suas condições de verdade (embora esta seja uma objeção a muitas tentativas de explicar o significado).

O significado da frase "Porcos voam" se refere a como o mundo seria se porcos realmente voassem.

LINGUAGEM

As intenções do falante

As intenções do falante entram em questão se a linguagem é vista primordialmente como comunicação. Em uma conversa, um pensador tenta transmitir o que está pensando a respeito para um ouvinte, então o significado pode ser visto em termos de intenção de fazer com que um ouvinte compreenda o que o falante está pensando. Essa teoria usualmente é percebida como capaz de capturar a importante dimensão psicológica do significado, sem especificar o que está sendo transmitido.

Verificação

Versões fortes do empirismo requerem que toda a vida mental seja direta ou indiretamente amarrada a experiências reais, e o significado não deveria ser uma exceção. O movimento lógico positivista definiu o significado de uma frase como o método através do qual ela é ou pode ser verificada. As definições podem ser uma exceção, mas a teoria implicava que, se uma sentença não puder ser verificada, então, ela não tem sentido. As nobres declarações da metafísica e da religião foram julgadas como sem significado, já que evidências a favor ou contra elas são irrelevantes. A teoria defendeu o importante argumento de que palavras impressionantes podem, na verdade, ser vazias de significado, mas o *verificacionismo* logo apresentou dificuldades.

Palavras são como peças de xadrez. É preciso aprender como utilizá-las.

VERIFICACIONISMO ▶ *O significado é definido pelo método através do qual ele pode ser verificado.*

O problema primário é que algumas frases são inverificáveis, mas, obviamente, possuem significados. Podemos especular se "Sócrates teve dor de cabeça certa vez" é algo que compreendemos mesmo sem ter nenhuma chance de verificar. Existem até objeções mais simples, sobre o ato de que para poder verificar uma frase você já deve saber o que ela significa, e que a teoria em si não parece ser verificável. Tentaram-se algumas modificações (talvez demandando a verificação "em princípio" – se alegarmos que você tivesse sido um amigo de Sócrates), mas a verificação parece ser exigente demais.

CAPÍTULO NOVE

Uso

Os filósofos que acham os assim chamados "significados" altamente duvidosos com frequência preferem abordar o significado através do *uso*. Wittgenstein declarou que o significado de uma palavra é como o significado de uma peça de xadrez, que consiste apenas em saber como utilizá-la (o que requer somente a habilidade de seguir uma regra). Isso simplifica imensamente o problema do significado, mas inevitavelmente existirão casos problemáticos (como ser capaz de usar "amém" corretamente sem saber que essa palavra significa "que assim seja"). Compreender a linguagem parece ir além do saber e de como utilizá-la – como poderíamos desconfiar se encontrássemos um magnífico robô falante.

REFERÊNCIA

A referência de uma palavra é a entidade à qual ela se refere. Se as palavras têm, além de significado, referência, isso explica como a linguagem pode se conectar ao mundo, ajudando a mostrar como uma frase pode ser verdadeira. Se termos científicos não se conectam a nada, então é impossível comparar teorias e dizer quais são as melhores teorias. Assim, seria possível esse elo direto com a realidade? Considerando-se um extremo disso, se uma frase menciona Napoleão, podemos simplesmente incluir o próprio no significado da frase. No outro extremo, apenas compreendemos a referência por causa de nossas descrições desse personagem, o que significa que a referência está totalmente na mente, em vez de diretamente ligada ao mundo.

O debate sobre referência é uma discussão essencial na filosofia moderna, porque a extensão com que nossa linguagem pode expressar verdades a respeito do mundo depende disso. Uma teoria descritiva da referência nos empurra na direção da perspectiva antirrealista de que o pensamento não pode se conectar com a realidade, enquanto uma teoria direta de referência é mais realista.

Em um extremo do debate, numa frase mencionando Napoleão só podemos compreender a referência por causa de nossas descrições desse personagem.

Frases completas e composicionais

Se a referência conecta a linguagem ao mundo, presume-se que as frases sejam *composicionais*, ou seja, que elas são montadas na mente, peça por peça. Se você lê "Napoleão enfrentou dificuldades ao retornar de Moscou", a visão composicional diz que você junta as palavras como se fossem peças de Lego para montar uma estrutura completa.

Uma visão rival afirma que entendemos ideias e frases como um todo em vez de um pedacinho por vez, e só entendemos as palavras através do papel desempenhado por elas na frase completa. Se isso estiver correto, então as referências das palavras são menos importantes, e nós devemos explicar como pensamentos completos se conectam à realidade.

A visão direta confia na presunção realista de que existiu uma pessoa específica real a quem nos conectamos usando esse nome. A visão descritiva depende apenas de poucas ideias sobre Napoleão (que podem nem ser verdadeiras) e que nos habilitam a concordar sobre quem estamos falando.

Duas teorias de referência correspondem às duas perspectivas do significado, a da frase completa e a da frase composicional:

- **A perspectiva *direta*** ▶ o significado de "Napoleão" não pode ser apenas o personagem, mas a palavra "Napoleão" tem alguma conexão histórica direta com ele.
- **A perspectiva *descritiva*** ▶ a referência a Napoleão envolve conhecimento dos fatos e descrições que especificam unicamente esse personagem.

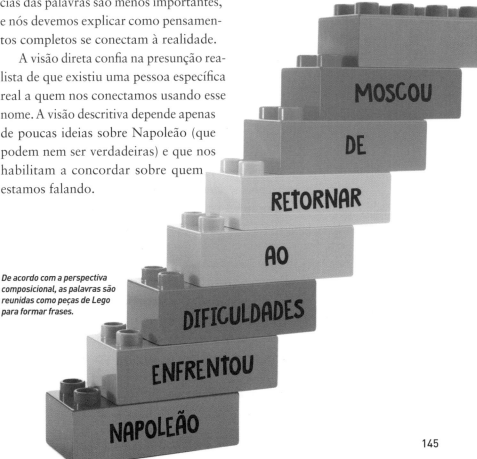

De acordo com a perspectiva composicional, as palavras são reunidas como peças de Lego para formar frases.

CAPÍTULO NOVE

Napoleão foi o vitorioso em Austerlitz, mas a referência não pode depender dessa descrição se ela pode sofrer contradição por um historiador.

Cadeias causais

O elo direto mais forte seria uma cadeia causal que voltaria ao momento em que aquele bebê recebeu o nome de "Napoleão". Porém, surgiram problemas com essa **teoria causal**: é possível ter um elo causal voltando até Napoleão bebê, mas não até o conceito de uma "hipotenusa" (que não tem poderes causais, por ser abstrata). Dessa forma, a teoria não funciona bem para a matemática, e conversas sobre o "Pé-Grande" parecem se referir a algo que não existe, então não há como existir um elo causal. Uma teoria melhor afirma apenas que a referência começa com o uso original do termo e é então sustentada por uma comunidade da linguagem.

Teorias direta e descritiva

A teoria descritiva recebeu fortes críticas de Saul Kripke. Se Napoleão é realmente especificado como "o vitorioso de Austerlitz", então a afirmação de um historiador de que, "na verdade, Napoleão não venceu a batalha de Austerlitz" seria uma contradição (equivalente a "o vitorioso de Austerlitz não venceu em Austerlitz"). Todas as descrições que usamos para fixar a referência de "Napoleão" seriam inegáveis, pois seriam essenciais a quem ele é. O fato é que podemos consentir que ao nos referirmos a "aquele homem segurando um martíni", mesmo que a descrição esteja errada (porque ele está segurando um copo de água), a referência não pode depender da verdade das descrições.

Tanto a teoria descritiva quanto a direta defendem que a linguagem em si tem propriedades referenciais (de elos herdados ou sucesso descritivo), mas uma visão alternativa alega que são as pessoas, e não as palavras, que se referem às coisas. "Napoleão" poderia se referir a um homem ou a um porco, dependendo do que o falante pretendia. A referência pode ser alcançada por um olhar intencional, ou pela frase "você sabe, né?", tão bem quanto pelos métodos padrão.

SEMÂNTICA

É preciso fazer uma distinção entre a "sintaxe" (a estrutura) e a "semântica" (os significados) de uma frase. A estrutura sintática de uma frase é diferente de seu significado: "ele gosta de uvas" e "ela gosta de morangos" têm a mesma *sintaxe*. A distinção nem sempre é clara, já que "ele é fácil de agradar" e "ela é fácil de aguardar" parecem ter a mesma estrutura, mas o significado deixa claro que não é bem assim. A imagem padrão, entretanto, é a de que a sintaxe é bastante mecânica, e ganha vida quando adquire a *semântica*.

Formato Sujeito-Predicado

A semântica deveria ter a mesma estrutura que a sintaxe? A maioria das linguagens tem um formato sujeito-predicado no qual uma frase padrão identifica o sujeito, e em seguida lhe atribui um predicado (alguma característica), como neste exemplo: "o salgueiro está perdendo suas folhas cedo este ano". Para isso, poderíamos ter uma semântica de objetos e elementos, atribuindo-os aos componentes da sintaxe, mas há outros problemas:

- O sujeito de "nenhuma folha está bloqueando o dreno este ano" é "nenhuma folha", mas isso não se refere a nada.
- Lembrando da distinção entre conteúdos estreito e amplo para os pensamentos, como podemos atribuir "um olmo cresce na floresta", se eu não sei reconhecer um olmo?
- Qual objeto eu atribuo a "Pégaso é um cavalo alado", se Pégaso não existe fisicamente?

É difícil atribuir um objeto a "Pégaso" em uma frase, já que Pégaso não existe fisicamente.

CAPÍTULO NOVE

Formato lógico de uma frase

Os lógicos, como Bertrand Russell, introduziram a ideia do **formato lógico** de uma frase, que pode ser bem diferente do formato sintático superficial. Assim que o formato lógico é esclarecido (sobre que objetos afirma-se a existência, por exemplo), a atribuição de significados fica mais fácil. A lógica formal pode ajudar a declarar o formato lógico sem ambiguidades.

Visão composicional do significado

Na visão composicional do significado (em que as frases são construídas), a semântica tem que ser detalhada e completa, mas pode ser mais fácil se o pensamento completo vier antes. Agora podemos começar a pensar em sobre o que é a frase, em vez de a que o sujeito se refere. A frase "nossa caminhada será após o pôr do sol" refere-se ao sol, mas provavelmente fala sobre a escuridão ou o momento da caminhada. Podemos ser capazes de especificar as condições de verdade da frase sem nos incomodarmos com a referência, ou podemos nos focar em situações (sem mencionar a verdade).

Bertrand Russell criou a ideia do "formato lógico" de uma frase.

LINGUAGEM

Ao descrever uma caminhada no pôr do sol, podemos estar nos referindo à escuridão, ou ao momento da caminhada em vez de ao pôr do sol.

Conceitos em frases

Outro problema diz respeito à "extensão" de um conceito – as entidades que ele escolhe. A palavra "cordado", quando aplicada a um animal, significa que ele tem um coração, e "renado" significa que ele tem rins. É um fato que, em animais vivos, as duas coisas normalmente ocorrem juntas. Ou seja, a extensão de "cordados" (os animais com coração) é idêntica à extensão de "renados" (os animais com rins). Então, as palavras têm as mesmas extensões, mas significados diferentes. Portanto, não se pode dar a semântica de uma palavra simplesmente especificando as entidades a que ela se refere. Isso levou à "semântica dos mundos possíveis", que nos mostram a diferença entre "cordado" e "renado" como palavras possíveis nas quais um animal poderia ter um coração, mas não um rim, ou vice-versa. Isto é, significados são cedidos por aquilo a que eles *poderiam* se referir, em vez de apenas aquilo a que eles de fato se referem.

Possíveis palavras semânticas

CAPÍTULO NOVE

Palavras indexicais

Um segundo problema diz respeito às palavras **indexicais,** como "aqui", "agora" e "nós", que dependem do lugar, momento e do falante para encontrarem seus significados. A palavra "agora" tem um significado fixo – o momento presente –, mas *qual* momento presente?

O significado tem dois componentes, o significado universal e o significado em uma ocasião específica, e a semântica das indexicais deve especificar as duas coisas:

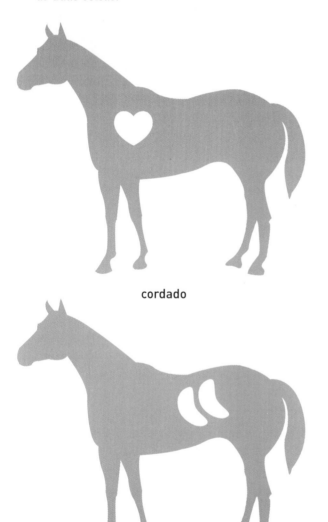

cordado

renado

- Se você perguntar "o que significa a palavra *agora*", a resposta poderia ser "o momento em que essa palavra foi dita".
- Se você perguntar a alguém "o que você quer dizer com *faça isso agora mesmo?*", a resposta poderia ser "faça isso nesta manhã".

As duas partes devem ser especificadas para explicar o uso da palavra "agora".

Isso levou a um sistema geral chamado de "semântica bidimensional", que tenta capturar os aspectos complexos do significado por meio da linguagem.

A extensão de "cordado" é igual à extensão de "renado", então palavras podem ter as mesmas extensões, mas significados diferentes.

PROPOSIÇÕES

Se compararmos as três frases: "neve é branca", "Schnee ist weiss" e "la neige est blanche", elas parecem dizer exatamente a mesma coisa, em três línguas diferentes. Se existe uma "coisa" em comum entre essas três expressões, essa coisa é chamada de "proposição" – um pensamento completo e significativo que pode ser expresso em uma língua e ser verdadeiro ou falso.

Críticos afirmam que as três frases sobre neve são apenas três respostas "equivalentes" a um simples fato do mundo. Por que acrescentar "proposições", se podemos explicar tudo sem elas? Os defensores das proposições dizem que precisamos delas para a lógica, para a psicologia de pensar e falar, e para que o ato de traduzir faça sentido. Se alguma verdade é comprovada pela lógica ou não, isso não deveria depender de em qual língua ela foi proferida. Se encontramos o formato lógico de uma frase, que é uma descrição acurada da proposição subjacente, então os falantes de todas as línguas deveriam concordar nisso. Cada língua pode ter nuances intraduzíveis, mas a proposição supostamente é o cerne do significado, com o qual todos podemos concordar. Nós entendemos os comentários de "o que eu queria dizer era..." ou "o que ele está tentando dizer é...", o que sugere que formulamos pensamentos em nossas mentes antes de encontrarmos as palavras para formá-los. O próprio processo da tradução requer que compreendamos o que uma frase diz, para depois expressarmos essa ideia em outra língua.

Existem quatro teorias principais sobre as proposições. As teorias podem ser vistas como:
- aspectos específicos da realidade.
- acontecimentos na mente.
- entidades abstratas simples.
- seleções de palavras possíveis.

CAPÍTULO NOVE

Bertrand Russell declarou que uma frase sobre o Mont Blanc incluía a montanha real, de modo que uma proposição a respeito dela é um conjunto de elementos (altura, perigo etc.) arranjados em determinada ordem. Em virtude disso, em uma conversa, podemos estar falando sobre a mesma coisa, mas é difícil explicar uma conversa sobre montanhas imaginárias; generalização e abstrações não se encaixam com facilidade nesse relato. Ele também deixa um enigma sobre por que esses ingredientes estão unificados em uma única proposição.

As proposições podem ser acontecimentos mentais, formulados antes de colocarmos em palavras, mas nós não estamos realmente cientes das proposições em nossas mentes, já que focamos no que a proposição trata, em vez de a coisa em si. Se a visão de Russell for objetiva demais, uma alternativa propõe que elas são abstrações, consistindo de todos os pensamentos que se pode ter. Isso é muita proposição, mas não é pior em quantidade do que os números infinitos, que nós parecemos aceitar. Uma proposição também pode ser tratada como um conjunto dos mundos possíveis em que ela seja verdade, que são todas as suas condições de verdade possíveis. Isso apresenta uma proposição como algumas situações, mas não nos diz nada sobre a estrutura da proposição.

Uma frase sobre o Mont Blanc incluía a montanha real, segundo Bertrand Russell.

ANALITICIDADE

Se podemos avaliar a verdade de uma frase apenas analisando sua formulação, diz-se que ela é *analítica*. A verdade da frase "um filhote é um gato jovem" é conhecida simplesmente pelo significado das palavras. É tentador dividir nossa linguagem em dois grupos: ideias *analíticas* sobre conceitos (nosso "dicionário") e ideias *sintéticas* sobre o mundo (nossa "enciclopédia"). Já foi sugerido pelos empíricos que as únicas verdades necessárias são as analíticas (pois elas são verdadeiras por definição), e nenhuma das verdades sintéticas é necessária, pois sua necessidade jamais poderá ser revelada pela experiência (já que todos os casos, tanto reais quanto possíveis, teriam de ser observados). As questões abordam a natureza da verdade analítica e se a distinção clara entre analítica/sintética é genuína.

> Ideias analíticas e sintéticas

Ideias analíticas	Ideias sintéticas
A verdade pode ser determinada pela formulação de uma frase.	A verdade pode ser determinada pela relação de uma frase com o mundo.
Fala sobre conceitos	Fala sobre o mundo
Exemplo: dicionários	Exemplo: enciclopédia

Kant disse que uma verdade analítica tem seu predicado "contido" no sujeito, de modo que a palavra "filhote" conteria o conceito "gato jovem". Logo, para conferir sua verdade, é preciso desmontar os ingredientes do sujeito e negar que a frase seja uma contradição (como em "esse filhote é um gato idoso"). Todavia, isso só funciona se houver um sujeito a ser desmontado, e numa frase como "ou P ou Q, e não P, então Q" é verdade para qualquer conteúdo, ou seja, é analítica, mas sem um sujeito. Além disso, "esse filhote é um gato idoso" poderia ser vista como uma redefinição de "filhote", em vez de uma contradição. Discussões posteriores sugerem que ser analítico significa que é possível substituir "gato jovem" por "filhote" em qualquer contexto.

A frase "um filhote é um gato idoso" é uma contradição, mas também poderia ser vista como uma redefinição da palavra.

CAPÍTULO NOVE

Willar Quine negou a distinção entre analítica e sintética. O uso da substituição como teste para a analiticidade foi rejeitado, pois dependeria de "jovem gato" significar exatamente o mesmo que "filhote" (sendo um "sinônimo" para essa palavra), porém termos diferentes não podem ser exatamente iguais, porque as palavras envolvidas têm diferentes relações na linguagem mais ampla. Além disso, significados estão sempre emaranhados com os fatos (por exemplo, sobre a expectativa de vida felina), e uma declaração de fatos precisa de significados; assim, verdades sintéticas e analíticas estão conectadas dentro de um grande esquema de compreensão e não podem ser distintas. Se Quine estiver correto, então até a matemática e a lógica são dependentes do mundo real (porque não são analíticas), e poderiam ser mudadas, caso haja necessidade.

COMUNICAÇÃO

O principal uso da linguagem é a transmissão de pensamentos. Os gregos antigos argumentavam sobre o valor da retórica (a habilidade de falar em público) porque isso tinha um papel importante na sociedade. Será que o objetivo principal de um discurso é fazer com que as pessoas concordem com você ou será que é falar a verdade? Sócrates defendeu a segunda perspectiva, mas nos tribunais e eleições modernos sabemos que a meta ainda é persuadir a audiência, em vez de falar a coisa certa. Os "pragmáticos" modernos se concentram na linguagem na prática e em como ter um contexto e ouvintes pode transformar os significados, as referências e até mesmo a verdade.

LINGUAGEM

A retórica desempenhava um papel importante na Grécia Antiga.

CAPÍTULO NOVE

Wittgenstein desenvolveu o argumento da linguagem privada.

Argumento da linguagem privada

Wittgenstein declarou que uma linguagem que não consegue comunicar é uma ideia incoerente. Seu famoso *argumento da linguagem privada* propõe que a linguagem é essencialmente obediente às regras, e que é impossível sem checagens externas e conforme as regras (da mesma forma que um tênis precisa de um corpo dirigente). Uma linguagem privada é especialmente irremediável ao relatar estados mentais secretos, porque o significado de "triste" deve ser público, mesmo que a sensação de tristeza não seja. O argumento é controverso, mas importante, porque implica que somos muito menos individualistas do que se presume normalmente.

Significado e compreensão dependem muito do contexto. As justificações, por exemplo, serão mais exigentes quando alguém estiver respondendo a uma prova em uma universidade, mas bem mais frouxas quando forem explicar por que preferem um restaurante a outro. Indexicais como "aqui" e "agora" só têm significado total em um contexto, e "eles vão ter problemas, temos que nos juntar" só faz sentido em um contexto. Alguns argumentam que isso vai muito além, e inúmeras palavras e declarações têm diferenças sutis de significado ditadas pela situação. Se é realmente assim, a comunicação clara é muito mais difícil do que pensávamos, mas isso explicaria muitos mal-entendidos humanos.

LINGUAGEM

Implicatura conversacional

Paul Grice identificou uma série de regras subentendidas (chamadas de *implicaturas conversacionais*) segundo as quais nós interpretamos as conversações.

> **IMPLICATURA CONVERSACIONAL ▶** *Uma série de regras subentendidas para interpretar conversações.*

Todos concordamos que o que dizemos deveria conter a quantidade apropriada de informação, defender apenas aquilo em que acreditamos, manter a brevidade e evitar trivialidades óbvias. Essas regras são quebradas o tempo todo, mas as pessoas são criticadas por fazer isso. As conversas também repousam sobre pressuposições subentendidas, mais notavelmente sobre o que se está conversando, e mudanças despercebidas de assunto ocorrem em muitas conversas. Na filosofia, distinguir pressuposições é vital, de modo que se possa averiguar a verdade delas.

A tradução entre línguas coloca em xeque nossos conceitos de significado e proposições. Quine levanta dúvidas se uma tradução perfeita será possível, porque toda uma rede de crenças e linguagem está envolvida em nossa compreensão de cada palavra. Se ele estiver correto, isso também dificulta a comparação de teorias científicas. Uma resposta possível é o *princípio da caridade*, que propõe que precisamos presumir que os falantes de uma língua desconhecida são humanos como nós, e sua lógica é como a nossa.

Princípio de Caridade

> **CARIDADE ▶** *Devemos presumir que os falantes de outras línguas compartilham de nossa humanidade e lógica.*

A tradução pode ser amplamente bem-sucedida, mesmo que haja diferenças consideráveis entre as culturas. Terríveis desentendimentos podem surgir de erros de tradução, mas as teorias científicas são correlacionadas com sucesso e (com esforço notável) as culturas remotas puderam ser bastante compreendidas.

A HISTÓRIA DA FILOSOFIA

O SÉCULO XIX
(1830-1910)

Os filósofos notáveis do século XIX foram grandes individualistas. **Arthur Schopenhauer** (1788-1860) rejeitou Hegel e se concentrou em como deveríamos viver. A essência humana é a vontade (não o Eu), que é guiada pelos desejos. A vontade não é livre, porque não conhecemos seus motivos. Portanto, estamos todos nós presos na vida, e somente a arte pode oferecer libertação. Seu pessimismo e negação do Eu o levaram para o budismo.

Søren Kierkegaard (1813-55) também rejeitou Hegel e a metafísica. Precisamos de verdades pelas quais possamos viver. O Eu é uma flutuação de conflitos éticos em estado de ansiedade quando enfrenta alguma escolha. Fazer escolhas é tudo, especialmente um *salto de fé* para a cristandade. Essas ideias iniciaram o Existencialismo.

Auguste Comte (1798-1857) deu um papel central à ciência moderna no pensamento filosófico. Sua doutrina empírica do *Positivismo* insistia que a verdade é encontrada apenas em fatos mensuráveis e observáveis (como as estatísticas). Ele tinha como objetivo estender essa perspectiva para as ciências sociais e gradualmente diminuir o status da metafísica.

Karl Marx (1818-83) admirava Hegel e concordava que forças dialéticas históricas e sociais moldavam nossas vidas. Ele via isso na vida econômica, em vez de nos conceitos. A nova meta da filosofia é mudar o mundo. A dialética se desenvolve através da tensão entre as classes sociais, e trabalhadores oprimidos confrontam os capitalistas dominantes.

Friedrich Nietzsche (1844-1900) começou admirando Schopenhauer. Ele tinha aversão pelas formas transcendentes de Platão e preferia o relativismo dos sofistas. Todas as coisas são dominadas por uma vontade de potência que é em grande parte inconsciente, e não existe Eu ou livre-arbítrio. Ele era ateu e via as pessoas como seres físicos evoluídos. Seus valores eram elitistas e ele admirava a ambição, em vez de uma vida confortável.

John Stuart Mill (1806-73) estudou as abordagens empíricas à aritmética e ao método científico e defendeu o *fenomenalismo* (a teoria de que tudo o que conhecemos são as aparências). Ele é mais famoso como desenvolvedor do utilitarismo e defensor do individualismo liberal na política.

Charles Sanders Peirce (1839-1914) via a filosofia como muito conectada à ciência, que nunca aceita verdades finais, e, por isso, identificava-se com teorias que pareciam funcionar. Na vida também vivemos segundo o que funciona, em vez de a favor da "verdade", então essa nova filosofia pragmática foi uma forma altamente prática de empirismo.

O SÉCULO XIX

Kierkegaard criou o movimento existencialista na Filosofia.

CAPÍTULO DEZ
VALORES

- *Estética* • *Arte*
- *Valor moral*
- *Valores básicos*

SOCIEDADES HUMANAS

PREOCUPAÇÕES INDIVIDUAIS

NATUREZA DOS SERES HUMANOS

VALORES MORAIS

BELEZA

VALORES

ESTÉTICA

MÚSICA

CONSEQUENCIALISMO

SORTE MORAL

VIDA HUMANA

ARTE

INTENÇÃO?

VALORES BÁSICOS

VERDADE

O BEM

FELICIDADE

ESTÉTICA

Valores são conceitos genéricos que nos atraem e nos motivam. Os valores são um foco para o que consideramos importante e esperamos compartilhá-los com as pessoas ao nosso redor. Os valores centrais para nós são os valores morais pessoais, que são mais básicos em nosso sistema de ética do que os princípios que seguimos. Princípios como "cumpra seu dever" não têm nenhum apelo para nós se não forem motivados por aquilo que valorizamos. Também existem valores "cívicos", considerados importantes em uma sociedade, e "valores estéticos", a respeito daquilo que julgamos atraente. Os valores têm, portanto, grande importância, mas são confusos em sua natureza.

- Eles expressam uma verdade eterna?
- Eles resumem estratégias sensatas para a vida?
- Eles são irracionais?
- Podemos dar motivos para apoiar nossos valores preferidos?
- Podemos apenas declará-los, como emoções?

CAPÍTULO DEZ

Beleza

Algumas pessoas têm pouco interesse ao que se refere como "belo", mas todos nós admiramos realizações inteligentes, habilidosas ou desafiadoras. Para os gregos antigos, esses conceitos eram virtualmente os mesmos, mas em tempos modernos a apreciação estética é vista como uma reação diferenciada, que requer sensibilidade ou bom gosto. A maioria das pessoas é sensível à beleza natural (de um rosto ou uma paisagem), mesmo que não goste das artes. A estética diz respeito a uma experiência distinta e significativa que temos da natureza e das artes. Ela pode incorporar a razão, a verdade e a sabedoria, assim como o prazer e outras emoções desempenham um papel importante em todas as sociedades modernas.

"Belo" é um termo muito amplo, pode abranger desde pãezinhos de ló e carpintaria até pores do sol e pinturas. Para Platão, a beleza era imensamente importante. Ela era um indicativo de valor moral e sua apreciação era o primeiro passo na estrada para a sabedoria. No outro extremo, a popularidade do dito "a beleza está nos olhos de quem vê" expressa a perspectiva relativista de que ser bonito nunca é um fato, mas apenas as reações particulares de cada observador. Aqueles que duvidam desse relativismo fazem distinção entre **preferências** e **julgamentos** estéticos. De um lado, "eu sei do que gosto"; de outro, os críticos musicais e curadores de exposições de arte tentam prever o que *todos nós* vamos gostar e até sugerir o que nós *deveríamos* gostar.

Belo é um termo incrivelmente amplo, referindo-se a pessoas, obras de arte, natureza e outros – a maioria das pessoas consegue apreciar alguma forma de beleza.

PREFERÊNCIAS ESTÉTICAS	JULGAMENTOS ESTÉTICOS
Individuais	Críticos
O que eu gosto	O que todos nós gostamos/o que deveríamos gostar

Filósofos românticos buscavam pelo sublime, um tipo de beleza que podia ser encontrado em céus estrelados.

Se há julgamentos objetivos e de bom gosto a serem feitos sobre o que é belo, então é melhor que sejam decididos por observadores experientes com um bom histórico de percepção àquilo que o restante de nós concorda que é bom. Se um artista que morreu há muito tempo é considerado negligenciado, isso implica que sua obra tem boas qualidades estéticas, mesmo que ninguém esteja vivenciando essas qualidades atualmente.

O sublime

É um prazer experienciar a beleza, mas é difícil definir o que gera o prazer. Os filósofos românticos diferenciavam o **sublime** como um tipo especial de beleza: encontrado em céus estrelados ou paisagens dramáticas, que induziam um estado excepcional de assombro, humildade e reflexão. Uma beleza mais normal é encontrada em coisas harmoniosas (como uma mobília elegante), ou perfeitamente adaptadas a um propósito (como um leopardo correndo), ou exibindo uma imaginação excepcional (como uma peça de Shakespeare). Um impasse comum é que podemos considerar a literatura ou a arte belas mesmo quando representam acontecimentos horrendos, o que revela que ser belo é muito diferente de ser meramente "agradável". Belezas podem ser comparadas em suas qualidades, assim como em suas intensidades, de modo que não é apenas uma questão de emoção.

Arte pode ser bela mesmo quando representa um acontecimento horrendo.

CAPÍTULO DEZ

ARTE

A maioria das discussões estéticas modernas se concentra em obras de arte e a semelhança entre as experiências de música, pintura, literatura, dança e outras artes nos convida a dar um relato unificado de suas naturezas. De que forma as obras de arte existem? Quais aspectos lhes são essenciais? Qual é seu propósito e valor? O que distingue as melhores obras do restante delas?

Pinturas e edifícios têm uma forma conhecida, como objetos físicos, mas que tipo de coisa é uma sinfonia de Beethoven? Apresenta-se como um objeto porque tem nome, várias características e uma audiência focada nela, contudo ela se espalha ao longo do tempo, de modo que nunca existe por completo ao mesmo tempo. A partitura é silenciosa, então não pode ser sinfonia, e cada apresentação é levemente diferente, de modo que nenhuma apresentação conta como a coisa real. Ela pode ter múltiplas existências ou pode ser uma abstração e todavia permanece como um problema para estudantes de ontologia.

O que é uma sinfonia? Não é a partitura, que é silenciosa, e cada apresentação é levemente diferente.

Os ingredientes da Arte

Os ingredientes que compõem a arte são:
- as ideias, sentimentos, intenção e imaginação do artista;
- a forma e conteúdo da obra;
- o foco, os sentimentos e ideias da audiência;
- o papel social da arte.

Os debates se concentram na relativa importância ou desimportância de cada um desses itens. A discussão moderna começou com a sugestão de que as *intenções do artista* são irrelevantes, porque apenas a obra em si podia ser julgada. A ideia de que a arte expressa as emoções do artista também parece duvidosa, uma vez que obras de arte

Teorias da Arte – O que expressa uma obra de arte?
Tradicional ▶ *As intenções do artista*
Romântica ▶ *As emoções do artista*
Moderna ▶ *A mensagem do artista*

VALORES

exuberantes podem levar meses para serem criadas, e isso é um longo tempo para serem exuberantes. No entanto, quando vemos como um título pode ser importante para uma pintura, fica óbvio que o objetivo da obra é importante. É difícil desfrutar de qualquer obra sem sentir alguma relação com seu criador. Por isso, muitos pensadores incentivaram a nos atentarmos ao contexto histórico se quisermos ter uma boa compreensão de uma obra de arte.

Arte como uma instituição social

Evidentemente, a boa arte deve engajar sua audiência. A arte romântica é demasiado emocional e pode evocar lágrimas; no entanto, outras escolas de arte são elegantes, surpreendentes, deslumbrantes ou intelectualmente satisfatórias. Os melhores artistas ressoam como pessoas sábias, com um dom admirável para capturar suas percepções em um trabalho unificado. Alguns pensadores se focaram inteiramente no formato da obra, vendo a melhor arte como sendo organicamente unificada, com uma estrutura em harmonia com o objeto estudado. A arte visual moderna abalou essas teorias ao definir a arte como nada mais do que qualquer coisa que os artistas disserem que ela é – tal como um objeto encontrado numa praia, e exibido em uma galeria de arte, por exemplo.

A obra **Fontaine**, de Marcel Duchamp, é o exemplo clássico de arte conceitual, já que a arte moderna com frequência é definida como qualquer coisa que os artistas estabelecerem.

Os filósofos que aceitam essa afirmação veem a arte como uma instituição social, em vez de um tipo específico de criação. Hoje em dia, podemos aceitar um enorme edifício envolto em tecido como uma obra de arte, o que teria sido impensável um século atrás.

O "Reichstag Embrulhado", de Christo e Jeanne-Claude, é hoje considerado uma peça impressionante de arte, o que teria sido impensável um século atrás.

165

CAPÍTULO DEZ

Da mesma forma que tentativas de definir a natureza da arte levaram a rebeliões artísticas, o mesmo pode ser dito das afirmações teóricas a respeito de seu propósito. Uma perspectiva tradicional de que a arte é um ramo da educação moral levou artistas mais jovens a rejeitarem totalmente qualquer propósito moral na arte. Porém, apesar dessas rebeliões, as concepções mais antigas não desaparecem. Desde que a arte seja bela ou envolvida em questões morais e políticas, ela será importante para nós, e nós sempre vamos venerar as estruturas unificadas da melhor arte tradicional. A trivialidade extravagante pode nos entreter por algum tempo, mas a maioria das audiências deseja ser cativada e inspirada, e não meramente um entretenimento.

VALOR MORAL

Ideais artísticos como a beleza podem nos inspirar, e valores morais, como "o bem", "o correto", "o dever" e "a virtude", desempenham um papel similar. A melhor abordagem para se dar aos valores é indagar sobre sua fonte. Se uma rocha enorme esmaga uma rocha menor a um trilhão de quilômetros daqui, não há interesse moral se ninguém estiver envolvido. Se um meteoro aleatório atingir uma cidade na Terra, isso seria péssimo, mas também não chega a envolver moral se ninguém tinha essa intenção. Se alguém solta uma bomba sobre uma cidade, a intenção e o sofrimento fazem disso uma questão moral. Pode haver outros seres morais no universo, mas nossos valores morais surgem de nossas questões humanas.

Um meteoro atingir a Terra seria uma catástrofe, mas não uma questão moral.

A fonte dos valores

Existem três fontes principais de valores nos assuntos humanos:
- a natureza dos seres humanos em geral
- os costumes das sociedades humanas
- preocupações individuais

Se não existisse nenhum *valor humano*, nós todos já teríamos desaparecido há muito tempo, porque precisamos de segurança, calor, alimentos, saúde, criação e assim por diante. Esse grupo de valores às vezes é negligenciado (especialmente em épocas de guerra), mas é quase impossível a sua renegação. Os costumes de uma *sociedade* produzem muitos valores importantes, tais como lealdade, legalidade e obediência, ainda que em outras sociedades as coisas possam ser de outras formas. Os valores dos indivíduos podem ser anulados em muitas situações, tais como a escravidão ou o exército; no entanto, as sociedades liberais modernas incentivam os indivíduos a desenvolverem seus valores próprios, fundamentados no que é importante a cada um. Tais importâncias, com certeza, não são as únicas fontes de valor. Nós reconhecemos a importância do ambiente e dos outros animais, e áreas especializadas como a matemática e a jardinagem têm seus próprios valores que versam sobre a precisão ou o planejamento – e, dessa maneira, ambientalistas podem adotar visões de longo prazo quando estudam o desflorestamento, matemáticos distinguem a precisão e a consistência, e jardineiros respeitam as mudanças de estação.

A verdade dos valores

Mas esses valores contêm verdade e autoridade ou são somente atitudes enaltecidas principalmente pelas emoções e que poderiam ter sido muito diferentes? David Hume disse, famosamente, que nunca pôde encontrar uma razão que comprovasse a correção dos valores ou deveres a partir de fidedignos fatos. Essa distinção estrita entre fatos e valores é associada à visão científica da realidade e à demanda dos empíricos por evidências. Podemos gostar da bondade humana, mas temos como provar que ela é valiosa?

Distinção fato-valor

Se existem muitos valores objetivamente corretos, então seria de se esperar que a maioria das pessoas concordasse com eles. Pode haver um consenso sobre os valores humanos, mas nem de longe existe consenso sobre os valores culturais e individuais. Críticos afirmam que a *distinção fato-valor* não é muito clara. Se descrevermos alguém como "arrogante" ou "traiçoeiro", ou dissermos que alguém lhe "deve" algo ou "precisa" de alguma coisa, essas afirmações parecem fatos com valores embutidos neles. Argumenta-se até que somos incapazes de ver as coisas de uma maneira livre de valores (como fatos isentos), mesmo quando estamos praticando ciência.

SITUAÇÃO	Boa	Animal de estimação na cidade
	Ruim	Animal perigoso na cidade
AÇÃO	Correta	Atirar no animal perigoso
	Incorreta	Atirar no animal de estimação

CAPÍTULO DEZ

CONSEQUENCIALISMO ▶ *Os fins justificam os meios.*

Consequencialistas defendem a concepção de que tudo o que importa nas ações morais é que as consequências sejam boas. O que queremos são circunstâncias favoráveis (pessoas felizes, saudáveis e assim por diante), e se tivermos que executar ações desagradáveis para alcançar bons fins, isso pode ser uma troca compensadora. A visão concorrente diz que devemos sempre fazer o que é correto (mesmo que não gostemos das consequências, como quando admitimos nossa culpa em alguma atitude ruim), porque a moralidade diz respeito a todas as nossas ações, e não ao bem resultante ou às situações ruins. Assim, deveríamos evitar ao máximo mentir, e mentir causalmente sempre que for conveniente nos parece iníquo. O quebra-cabeças da *sorte moral* com frequência é citado contra essa perspectiva (veja o quadro ao lado).

Os otimistas enxergam os valores como repositórios de verdades universais, de modo que todas as sociedades têm valores estruturais muito similares, apesar de parecerem muito diferentes. Suas fontes podem residir nos ideais

Sorte Moral
Se você jogar um tijolo por cima de um muro com irresponsabilidade casual, nós o julgaremos mais rigorosamente do que se você deixasse cair um tijolo sem querer. Todos nós nos importamos com as consequências, mas quando estamos julgando caráter, e não ações, as intenções parecem ser o mais importante. Você perderá amigos rapidamente se jogar tijolos por cima de muros, mesmo que eles não causem nenhum dano.

puros ou em nosso amor e cuidado por outras pessoas, em especial aos nossos filhos. Mas céticos veem isso mais como uma ilusão voluntária. Empíricos, que não detectaram nenhuma prova tangível para a existência de valores reais, constantemente aceitam a perspectiva *expressivista* de que declarações sobre moralidade não passam de sentimentos de aprovação ou reprovação.

EXPRESSIVISMO ▶ *Moralidade nada mais é do que aprovação ou reprovação.*

Pensadores políticos modernos veem os valores como algo que emerge das estruturas sociais, especialmente aqueles que se referem ao poder. Valores como obediência, dever, discrição e pontualidade são necessários para um funcionário confiável, então as elites mais poderosas o promovem, e o restante de nós deve aceitá-los. Contudo, existem também os valores revolucionários, que emergem dos grupos sociais mais fracos e veem a arrogância e a ostentação de riqueza como vergonhosas, e podem aprovar delatores que revelem corrupção.

A discussão moderna de valores é fortemente influenciada pela teoria da evolução, que os confere como algo de origem biológica, em vez de racional. Assim, os impulsos básicos de qualquer criatura estão no sentido da sobrevivência e da procriação, e valores fazem parte das estratégias para conseguir isso. Para muitas criaturas de maior porte, valores amigáveis e cooperativos são métodos bem-sucedidos para alcançar fins egoístas, e a principal razão pela qual você deveria ser gentil com as pessoas é para que elas, por sua vez, devolvam essa gentileza e o ajudem a viver com sucesso.

VALORES BÁSICOS

Os valores retêm a mais alta importância, sejam eles advindos da emoção, do bom senso, da biologia ou do poder político. Será então possível identificar alguns valores nos quais toda a humanidade possa edificar suas vidas morais? O compromisso mais forte com os valores é visto em Platão, que coloca a beleza, a bondade e a verdade em pedestais, com a Forma do Bem (a fonte eterna, imutável e não física de todos os valores) como suprema. Platão e os gregos também reconheciam outros valores básicos como a razão, o conhecimento, a harmonia, o desabrochar humano e o prazer. As religiões introduziram outros valores, tais como a fé, o amor e a humildade, e os valores democráticos modernos elevaram atitudes como o respeito. Existem, é claro, valores menos notáveis que recebem alguma prioridade, tais como a longevidade, a riqueza ou ser "um vencedor".

CAPÍTULO DEZ

O Bem   A ideia de um valor supremo – *O Bem* – tem sido criticada por sua imprecisão e pela incerteza de sua existência, mas é defendida com base no fato de que a palavra "bem" não pode jamais ser definida em termos de alguma outra coisa. Por exemplo: se alguém disser que prazeres são intrinsecamente bons, podemos perguntar se a pessoa está falando sobre prazeres bons ou maus. Hoje em dia, é raro a beleza ser considerada como um valor supremo, embora, para muitas pessoas, a vida seria simplesmente vazia. A verdade tem tomado uma surra nos tempos modernos, e a negação relativista de sua existência se tornou um lugar-comum. Ainda assim, a vida social está em risco se mentirmos continuamente, a ciência não faz sentido algum se não buscar as respostas corretas e os historiadores querem saber o que aconteceu *de verdade*.

Filósofos do iluminismo se sentiam atraídos pela vida racional, mas os românticos se rebelaram contra isso, e culturas diferentes podem discordar sobre o que conta como racional. Os adoradores da racionalidade apontam para a matemática, a lógica e as ciências exatas como modelos a serem seguidos, mas mesmo nessas áreas questiona-se se podem existir padrões absolutos. O conhecimento e a sabedoria puros perderam status na modernidade. As fronteiras da física geram empolgação e assombro, mas pode ser apenas o *novo* conhecimento que tem um alto prestígio.

EUDAIMONIA ▶ *As atividades que promovem a felicidade.*

Os gregos valorizavam a harmonia do universo e nós podemos observar o valor da harmonia em sociedade assim como em nossa admiração por "paz e reconciliação". Aristóteles construiu seu relato da ética em torno do ideal da *eudaimonia* ("desabrochar"). Essa palavra grega com frequência é traduzida como "felicidade", mas *eudaimonia* não é apenas um sentimento agradável. Ela significa que a vida está indo bem, e é mais bem traduzida como "desabrochar". O conceito tem mais a ver com o que você faz. A vida de uma pessoa que foi *eudaimon* era bem-sucedida e admirável. Uma pessoa deprimida ainda pode ter uma vida bem-sucedida, apesar de se sentir infeliz com frequência.

HEDONISMO ▶ *Prazer é o valor supremo.*

Hedonismo é a doutrina que afirma que o prazer é o valor supremo, e as culturas seculares modernas se tornaram altamente hedonistas.

A maioria dos filósofos ainda tem suas dúvidas quanto ao prazer. Até os epicuristas, famosos por valorizar o prazer, também colocavam muito valor na moderação. A indulgência constante em relação à comida e bebida leva à obesidade e a ressacas, e o bem supremo para o epicurista é a amizade. A ideia de que o prazer é o único bem deveria certamente ser tratada com cautela. Se, por exemplo, pensar demasiadamente sobre filosofia deixa-o infeliz, você se submeteria a uma cirurgia no cérebro para aumentar o seu prazer, mas que fizesse você pensar menos?

Até os epicuristas tinham suas dúvidas quanto ao prazer irrestrito.

De todos os valores provindos de nossa humanidade básica, o valor da vida humana é o mais indubitável. Matar alguém sem nenhum motivo é algo universalmente condenável, e todos nós desejaríamos salvar alguém de um afogamento ou um incêndio. Existem, entretanto, alguns casos problemáticos. Uma vida humana pode perder completamente seu valor, a ponto de justificar o suicídio, a eutanásia ou a pena capital? Algumas pessoas são mais valiosas do que outras por causa de seus grandes talentos (o que é colocado à prova quando resta só um lugar vago no bote salva-vidas)?

Um bom jeito de descobrir nossos valores mais elevados é perguntar o que consideramos impensável (ou até o que nós "preferiríamos morrer" a fazer). Se amigos perversos tentam você a se comportar mal, em que ponto você diz "não, não podemos fazer isso!"? Até ladrões provavelmente não roubarão o brinquedo favorito de uma criança, e lesar um hospital é particularmente desprezível. A ética de guerra destaca o que é impensável em uma escala ainda mais significativa.

A guerra amiúde traz à tona o que é considerado "impensável".

FILOSOFIA ANALÍTICA
(1880-1940)

Gottlob Frege (1848-1925) foi o criador da lógica de predicado e fundou a filosofia analítica moderna. Com novas ferramentas lógicas, ele tentou explicar a base da aritmética. Ele então transferiu sua atenção para a linguagem em si, focando em *significado* e *referência*, que conecta a linguagem à realidade. Ele separou a lógica da psicologia, vendo-a como parte de um *terceiro reino* objetivo na natureza. Sua meta de fazer da filosofia um assunto mais preciso teve grande influência.

Bertrand Russell (1872-1970) seguiu Frege e ajudou a padronizar a nova lógica. Ele foi um empírico, mas aplicou uma nova ênfase na lógica e na linguagem, e esperava explicar a aritmética em termos lógicos. Ele defendeu o realismo, e a correspondente teoria da verdade, e focou-se em como podemos inferir a realidade a partir de fragmentos da experiência pura. Ele tentou identificar a *forma lógica* na linguagem – o significado preciso e verdadeiro por trás das palavras. Ele estudou minuciosamente ciências e buscava uma filosofia que se encaixasse com as descobertas modernas. Russell se destacou por mudar suas perspectivas com frequência.

G. E. Moore (1873-1958) não foi um lógico, mas seus ensaios claros e sistemáticos influenciaram imensamente a filosofia analítica. Sua descrição da ética rejeitava tentativas de explicar a bondade em termos naturalistas e ele ganhou celebridade ao defender o realismo do bom senso contra as teorias idealistas que se retraíam para o interior da mente.

Ludwig Wittgenstein (1889-1951) estudou com Russell e se concentrou em linguagem e lógica. Ele disse que a lógica não era composta de verdades eternas, e sim de meras convenções. Seu *atomismo lógico* construiu uma imagem realista do conhecimento a partir de um grupo mínimo de conceitos. Para ser significativa, uma frase deve se conectar a experiências básicas – o que levou ao movimento Lógico Positivista. Ele então abandonou a filosofia, mas retornou com concepções bem diferentes, menos realistas e mais relativistas. Nosso pensamento é dominado por *jogos de linguagem,* e o significado da linguagem é apenas o modo como a utilizamos. Portanto, não podemos ter conhecimento de ética e religião, mas podemos usar tal linguagem de modos coerentes e significativos. A linguagem precisa de uma comunidade, logo, filosofias individualistas são rejeitadas.

FILOSOFIA ANALÍTICA

Bertrand Russell ajudou a padronizar a lógica. Sem surpresa alguma, ele era conhecido por apreciar um jogo de xadrez.

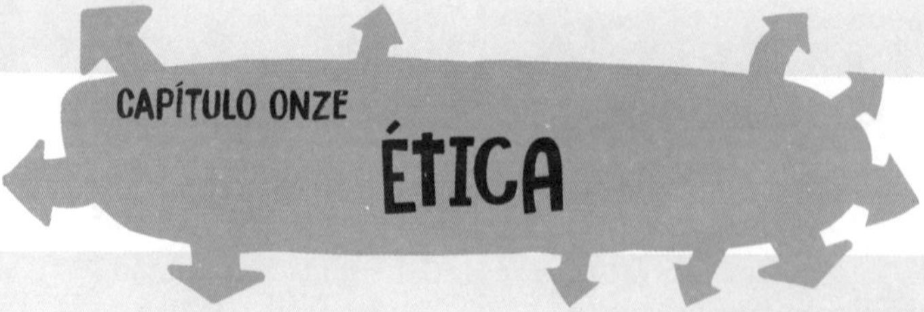

CAPÍTULO ONZE
ÉTICA

- Variedades de Ética • Deontologia
- Utilitarismo • Contratualismo
- Ética aplicada

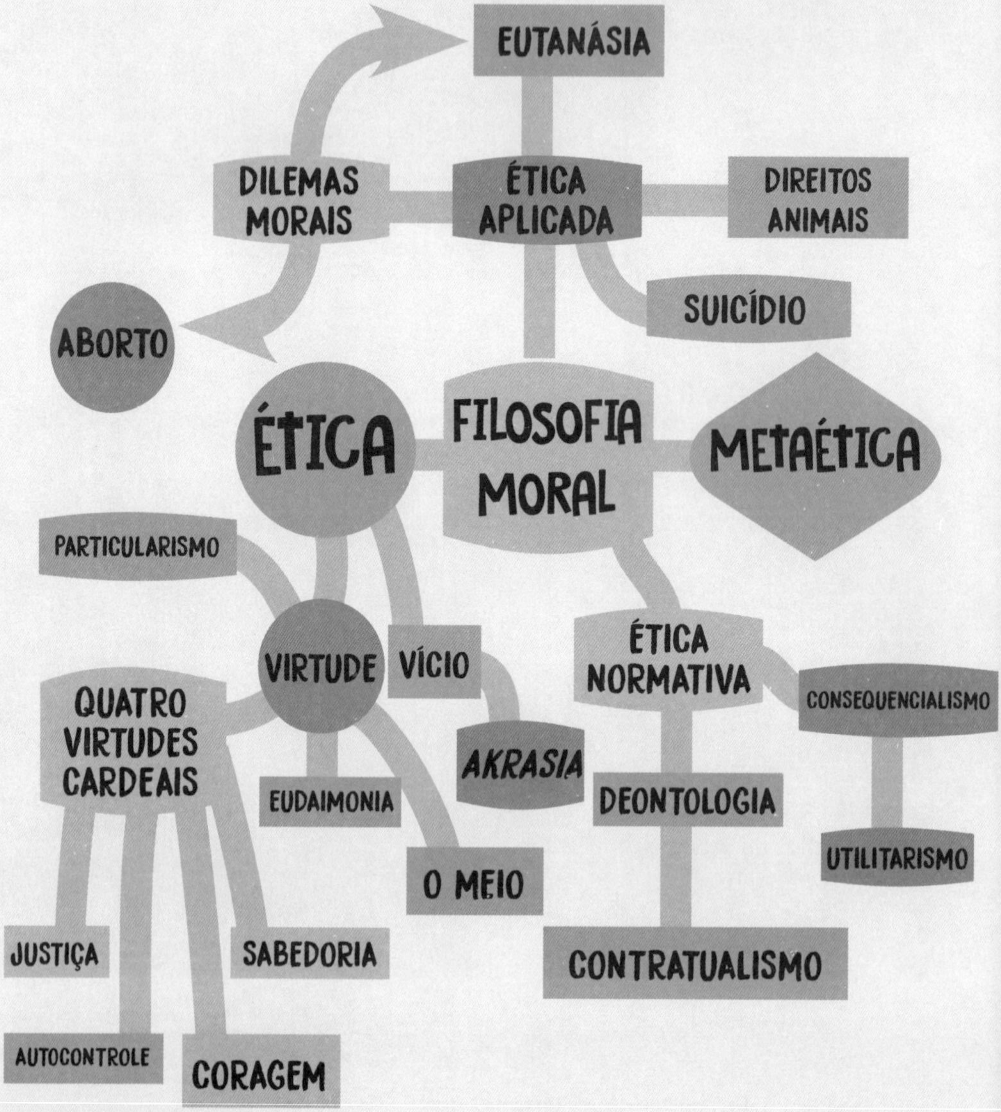

EUTANÁSIA

DILEMAS MORAIS

ÉTICA APLICADA

DIREITOS ANIMAIS

SUICÍDIO

ABORTO

ÉTICA

FILOSOFIA MORAL

METAÉTICA

PARTICULARISMO

VIRTUDE

VÍCIO

ÉTICA NORMATIVA

CONSEQUENCIALISMO

QUATRO VIRTUDES CARDEAIS

AKRASIA

EUDAIMONIA

DEONTOLOGIA

UTILITARISMO

O MEIO

JUSTIÇA

SABEDORIA

CONTRATUALISMO

AUTOCONTROLE

CORAGEM

VARIEDADES DE ÉTICA

A filosofia moral envolve a *Metaética, Ética Normativa* e *Ética Aplicada*. A metaética (ética de alto nível) se ocupa dos valores e princípios centrais ao pensamento moral, suas fontes e autoridade. A ética normativa diz respeito às "normas" ou padrões de comportamento moral, e a ética aplicada cuida de dilemas morais na vida cotidiana.

METAÉTICA	ÉTICA NORMATIVA	ÉTICA APLICADA
Os princípios do pensamento moral	As regras do comportamento moral	Os dilemas morais da vida cotidiana

A ética grega se concentrava na natureza de um ser humano bom e nas virtudes que constituem um caráter benévolo. Entendia-se que as boas ações eram o comportamento típico de uma pessoa de bom caráter. Esse interesse nas virtudes predominou até o Renascimento, quando advogados perceberam que, em um tribunal de justiça, atos certos ou errados eram mais importantes do que o caráter, uma vez que uma pessoa boa pode ser culpada por um crime em particular e uma pessoa má pode ser inocente. A partir daí, teve início a jornada em busca dos princípios das ações certas ou erradas.

Deontologia e Utilitarismo

Duas concepções predominaram: a de que as ações corretas são aquelas que envolvem os deveres que todos concordam ser universais (*deontologia*) ou as que melhoram o bem-estar e a felicidade (*utilitarismo*). A visão de que a moralidade só diz respeito aos contratos mutuamente benéficos entre as pessoas também tinha seus defensores, embora fosse constantemente rejeitada como cínica. A insatisfação recente com essas três teorias também levou a um ressurgimento da teoria da virtude.

A partir do Renascimento, os advogados determinaram que o importante eram ações certas ou erradas em vez do caráter.

CAPÍTULO ONZE

Ética da Virtude

Um piano é valorizado se executar bem a sua função. A teoria da virtude repousa sobre a ideia de que o ser humano é valorizado pelo mesmo motivo. Se os seres humanos têm uma função, então um ser humano bom é bem-sucedido nessas funções. Aristóteles identificou duas funções humanas: raciocinar (já que é isso o que nos distingue dos outros animais) e viver em sociedade (que é algo que temos em comum com as formigas e as abelhas).

Essa hipótese pode ser desafiadora, se somos livres para decidir nossa função, mas os teóricos da virtude favorecem a ideia de que existe uma "natureza humana" universal, a qual todos de nossa espécie compartilham (a despeito de nossas diferenças locais).

Com base nisso, diz-se que existem virtudes "intelectuais" – as do bom raciocínio – e virtudes "morais" – as da boa cidadania. O objetivo das virtudes morais é a *eudaimonia* (ver pág. 170).

Da mesma forma que um piano, os seres humanos são valorizados por desempenhar bem suas funções.

ÉTICA

A meta das virtudes morais é a *eudaimonia,* ou o desabrochar – de uma vida realizada e bem-sucedida.

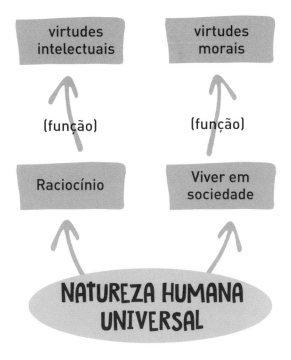

Sócrates questionava se a virtude poderia ser ensinada.

As virtudes são motivações para o comportamento apropriado, como a bravura em batalha ou o autocontrole quando encontramos bebida alcoólica grátis. Existem três níveis de comportamento no caminho para a virtude. A mera "brutalidade" ocorre quando os seres humanos se comportam como animais selvagens e ignorantes. O vício é quando sabemos distinguir bem e mal, mas fazemos o mal mesmo assim. A fraqueza de vontade (*akrasia – falta de controle*) é desejar fazer o que é correto, mas sucumbir à tentação.

Autocontrole

Empenhar-se para o bem e ter o controle para fazê-lo é muito melhor, mas isso ainda não é a virtude, porque esta requer não apenas analisar que uma ação é correta, mas também ter as emoções afinadas com a razão, de modo que uma pessoa virtuosa se comporte bem e goste de se comportar bem também. Cumprir seu dever pode ser um comportamento impecável, mas o dever não será virtuoso se for cumprido com relutância.

CAPÍTULO ONZE

A escala da virtude

Cada virtude ocorre em uma escala com extremos, e a virtude é o meio entre os extremos. Assim, a coragem situa-se entre a covardia e a imprudência, e o autocontrole recai entre a incapacidade ao prazer e a indulgência excessiva. O meio não é uma média calculada, mas é fazer o que é apropriado para determinada situação. Logo, é comumente correto ficarmos enraivecidos – *o meio* entre ser complacente permanentemente ou ter angústias intermináveis –, mas a raiva deve se equiparar ao que a provocou.

Segundo Aristóteles, não é virtude aquilo que precisa de riqueza, saúde e amigos. É boa vida a eudaimonia, que precisa de riqueza, saúde, amigos e virtudes.

> **A virtude, segundo Sócrates**
> Sócrates via dois grandes problemas relacionados à virtude:
> • Ela pode ser ensinada?
> • Existe alguma virtude suprema que gere todas as outras?
> Ele achava que a virtude podia ser ensinada – desde que pudéssemos encontrar um professor – e que o raciocínio correto nos torna plenamente virtuosos.

Aristóteles e a Teoria da Virtude

Aristóteles dizia que a virtude deveria ser ensinada na infância, principiando com bons hábitos e aprendendo a ter os sentimentos apropriados (como não rir do sofrimento dos outros); conforme a razão for se desenvolvendo na criança, isso a levará ao prazer da virtude verdadeira. A ênfase na criação das crianças é uma característica distinta da teoria da virtude, e bons exemplos são uma parte importante do desenvolvimento moral.

A virtude unificante, segundo Aristóteles, não era a potência intelectual, mas sim o bom senso (*phronesis – razão prática*). As pessoas que descrevemos como "totalmente sensatas" exibem a maioria das virtudes sociais. Aristóteles considerava que a vida desabrochada deveria ser virtuosa, mas também precisava dos "bens exteriores" da riqueza razoável, boa saúde e amigos. Os estoicos discordavam, dizendo que a virtude pura era suficiente.

A sociedade grega nomeou quatro ***virtudes cardeais:***

- sabedoria
- coragem
- autocontrole
- justiça

Virtudes cardeais

Desde então, outras virtudes fundamentais foram acrescentadas à lista, como a compaixão, o respeito, a honestidade e a lealdade. Ser muito compassivo é agora uma grande virtude, mas antigamente era visto como uma fraqueza e, portanto, um vício. Isso destaca um problema notório com a teoria da virtude: o fato de que traços de caráter são avaliados de modos distintos em sociedades diferentes. Podemos valorizar pessoas espirituosas, mas em outras sociedades essas pessoas são consideradas como desrespeitosas. Isso implica um relativismo a respeito das virtudes, se elas dependem de aprovação social tanto quanto um assassino bem-sucedido pode ser admirado por outros membros de uma gangue criminosa. Certo relativismo é inevitável, porque os tempos mudam, e a coragem moderna pode ser necessária para entrevistas em vez de lutas de espada, mas as virtudes sociais devem assumir uma perspectiva mais ampla do que um grupo criminoso, porque os membros de uma gangue são cidadãos detestáveis (e pessoas que iniciam guerras podem ser bons cidadãos de um país, mas péssimos cidadãos do mundo).

Valores modernos são um pouco diferentes, mas ainda admiramos as quatro virtudes cardeais dos gregos.

CAPÍTULO ONZE

Valores podem depender do contexto. Um membro de uma gangue pode ser admirado por cometer assassinato.

ÉTICA

Outra crítica principal à teoria da virtude afirma que ela é uma referência ruim para as ações, e que ter um bom caráter não nos mostra o que fazer. A percepção tradicional vê as ações corretas como um tipo de comportamento pressuposto das pessoas virtuosas. Uma variante moderna da teoria da virtude é a rejeição das regras morais em favor do *particularismo*. Na vida real, nunca duas situações serão iguais, por isso, regras simples distorcem nossas ações. Um magistrado que impõe rigidamente a lei ao pé da letra tem uma probabilidade muito menor de ser justo do que um que seja sensível aos detalhes de cada caso.

PARTICULARISMO ▶ *Não existem regras morais.*

DEONTOLOGIA

DEONTOLOGIA ▶ *O estudo do dever moral.*

Deontologia é o estudo do dever moral, cujo defensor mais famoso foi Immanuel Kant. Ele tem como objetivo deduzir princípios da razão pura, focando na consistência racional. A justiça deveria ser imparcial, assim como a racionalidade fria da matemática. Para sermos moralmente consistentes, especificamos uma *máxima* para cada ação, que é a regra a ser seguida. Assim, eu poderia devolver um bilhete de trem para alguém que o tenha deixado cair, sob a máxima "Isso poderia ser desastroso, portanto, eu deveria ajudar".

Se cada ação tem uma máxima, podemos compará-las e tentar torná-las consistentes, encontrando a máxima com que todas as pessoas racionais pudessem concordar (algo chamado ***universalizar a máxima***). No caso do bilhete do trem, a máxima universal é "Todos nós deveríamos ajudar as pessoas que sofreram pequenos desastres". Todos nós podemos aceitar isso. O *Imperativo Categórico* de Kant afirma que você deve decifrar qual é a lei universal para cada situação, e é então o seu dever obedecer a essa lei. Se uma ação é errada, sua máxima entrará em conflito com nossas outras máximas universais. Uma frase simples para a teoria de Kant é perguntar: "e se todo mundo fizesse isso?". Deixar de pagar por uma viagem de trem pode parecer um crime menor – mas e se ninguém mais pagasse?

Universalizar a máxima

CAPÍTULO ONZE

O IMPERATIVO CATEGÓRICO DE KANT ▶ *Aja de maneira que a máxima de sua ação possa ser convertida em uma lei universal.*

Immanuel Kant (1724-1804) disse que não deveríamos mentir nunca.

Outras versões da deontologia dependem da intuição ou da consciência para revelar nosso dever moral, mas essas não têm a atraente precisão àquela professada por Kant, e não há modo de resolver uma disputa entre duas pessoas com intuições discordantes. A deontologia se concentra em intenções em vez de consequências, mas é impossível formar intenções racionais sem analisar as consequências. O próprio Kant pode ter exagerado na importância em ser zeloso quando disse que não deveríamos mentir nunca, porque nós admiramos pessoas que mentem para proteger os inocentes. Isso nos parece exibir uma boa vontade, mas Kant diz que o dever de uma pessoa de boa vontade não é sentir compaixão, e sim seguir a lei universal, que não deve jamais desautorizar o dizer a verdade. Isso ilustra a dificuldade de alcançar a coerência racional perfeita entre as suas máximas.

A teoria é criticada por seu caráter impassível. Ela é motivada somente por um amor à razão, que não possui apelo universal, e recomenda o dever íntegro mais do que a afeição para com as pessoas. Pode ser difícil de concordar também com a máxima de uma ação (se você for considerado como um traidor ainda que acreditasse lutar por justiça). O maior problema para a teoria é o de pressupor certos valores (tais como a indesejável perda de um bilhete de trem), e críticos dizem que seria possível universalizar todo tipo de máximas esquisitas ou desagradáveis, desde que se mantenha a consistência. Roubar parece não ser um problema, contanto que *todos nós* nos tornemos ladrões!

Os defensores da teoria de Kant admiram particularmente sua universalidade. Ela incentiva a ideia de que culturas muito diferentes (talvez até mesmo hostis) possam alcançar um acordo moral ao se concentrar friamente no que é racional e consistente.

UTILITARISMO

O utilitarismo afirma que todas as ações morais buscam alcançar a melhor *utilidade* possível, o que significa todo tipo de coisas que as pessoas normalmente desejam. A meta é o melhor resultado possível – e as intenções e caráter do agente (embora sejam de interesse) são irrelevantes. No formato moderno, essa teoria foi desenvolvida por empíricos que almejavam uma teoria que coincidisse com a experiência real, que é primariamente o desejável prazer e a indesejável dor. Assim, o utilitarismo "hedonista" mais simples afirma "maximizar o prazer e minimizar a dor". Versões modernas não são tão explícitas e procuram maximizar o bem-estar ou as preferências.

> **UTILITARISMO** ▶ *A moralidade é a realização da maior utilidade possível (a felicidade).*

As hipóteses do utilitarismo são muito democráticas, pois "todos contam como um"; o que significa que a felicidade de um estadista não é mais importante do que a de um escravo. O utilitarismo presume também que todos os custos e benefícios da maioria das ações podem ser analisados com exatidão e, portanto, se todos nós somos tratados como iguais e os resultados são geralmente evidentes, podemos calcular a grosso modo o que deveria ser feito. Utilitaristas sofrem gozação por designar valores numéricos a resultados (por exemplo, eles podem sugerir que um grupo vá a um restaurante, que recebe o valor de 78, em vez do cinema, que recebeu o valor de 67), mas nós podemos fazer comparações quando vamos decidir o que fazer. Se cirurgiões estiverem analisando futuras operações, suas análises de resultados precisam ser tão precisas quanto for possível – então, talvez a abordagem numérica do utilitarista não seja tão estranha quanto parece à primeira vista.

Jeremy Bentham (1748-1832) foi um dos principais proponentes do utilitarismo.

CAPÍTULO ONZE

Utilitarismo prático

Utilitarismo de regras

Utilitaristas declaram que seu sistema é muito mais prático do que outras teorias éticas. Por exemplo: um hospital com orçamento enxuto deve priorizar os tratamentos oferecidos; analisar os benefícios e os custos é o único jeito de alcançar uma decisão justa. Outro ponto forte é que os animais estão incluídos nas decisões morais porque possuem vida e podem sentir dor. As organizações modernas pelos direitos animais nasceram da filosofia utilitarista.

Se buscamos maximizar o prazer, então a tortura é um grande mal. Entretanto, é possível imaginar uma situação em que milhares de pessoas possam ser salvas pela aplicação de uma tortura bem-sucedida em uma pessoa. Também podemos visualizar um prédio em chamas no qual é possível maximizar a felicidade salvando dez pessoas enquanto deixamos, conscientemente, a própria mãe perecer. Esses casos extremos levaram ao ***utilitarismo de regras*** (em contraste ao "utilitarismo de atos" descrito anteriormente), que maximiza o bem-estar através de regras como "nunca torturar" ou "proteger a família". Diz-se que essas regras são melhores no longo prazo e nunca deveriam ser quebradas, mesmo quando o resultado errado ocasionalmente advém disso. Críticos afirmam que o utilitarismo de regras soa mais como deontologia (que busca os deveres), se ignorar um cálculo que ofereça benefícios maiores.

O movimento pelos direitos animais nasceu da filosofia utilitária.

Os perigos do utilitarismo

Por ser muito prático, o utilitarismo é minado de casos problemáticos. Só se pode julgar uma ação por sua consequência – contudo, elas parecem intermináveis. E se um assassino temível produz um resultado maravilhoso, cem anos depois (ao motivar um neto da vítima a realizar um grande feito para o público)? Se apenas as consequências importam, então quem se importará em como foram alcançadas? Em vez de executar boas ações para seus amigos, por que não comprar um robô que as execute muito melhor? Se maximizar o bem-estar é a meta, quem se importará com justiça? Por que não punir deliberadamente uma pessoa inocente, se temos certeza de que isso impedirá pessoas de cometerem aquele crime no futuro? Se tudo o que importa é o prazer, podemos inventar uma droga recreativa barata e inofensiva e colocá-la no suprimento de água.

Outra linha de críticas diz respeito ao comprometimento do utilitarismo ao bem-estar de *todos*. Isso não apenas diminui a relativa importância de sua mãe, como também a iguala a bilhões de pessoas que você nunca vai conhecer. As exigências morais são infinitas. Por que você está lendo este livro, quando poderia estar colaborando com a felicidade de pessoas em um país estrangeiro e distante? O problema é que o utilitarismo usualmente foca em um valor moral e negligencia todos os outros.

Os filósofos utilitaristas passam muito tempo ajustando a teoria para enfrentar esses vários problemas, mas que parece valer a pena, porque qualquer um que diga "esqueça as consequências" é uma ameaça ao público. O utilitarismo continua sendo uma teoria importante.

CAPÍTULO ONZE

CONTRATUALISMO

Moralidade contratualista

Mesmo sem a moralidade, a vida humana flui melhor se cooperamos. Esta é a base da moralidade *contratualista*, que afirma que nós sempre praticamos boas ações por autointeresse, porque outras pessoas nos ajudarão em troca. Você pode simplesmente fingir ser amistoso para conseguir isso, mas as pessoas são boas em perceber insinceridade, de modo que sua melhor chance é ser genuinamente bom e amoroso. Seus pais o educaram para ser prestativo e sincero porque a sua vida sempre será melhor assim. Mesmo que um ato generoso específico nunca seja correspondido, sua reputação por gentileza sempre trará uma recompensa.

CONTRATUALISMO ▶ *Boas ações são executadas por interesse próprio.*

Se você concorda em ser solícito com alguém, como pagar o café de ambos em dias alternados, a pessoa que age primeiro está vulnerável, pois o ato solícito pode jamais ser correspondido. Alguma confiança preliminar é, portanto, exigida para a teoria, embora Thomas Hobbes tenha dito que para funcionar era preciso um poder político que imponha o cumprimento de contratos. A força de uma teoria, e que falta em outras, está em sua motivação intrínseca, pois todos nós buscamos nosso próprio interesse; e ela descreve bem a imoralidade particular que vemos em promessas não cumpridas e em traições.

Problema do parasita

A teoria teve uma reputação ruim no passado. Muitas pessoas veem o egoísmo como o exato oposto da moralidade (comumente *altruísta* ou que se importa com os outros); por isso, aceitar o autointeresse como sua fundação parece contraditório. Descrever o amor de uma mãe por seu filho como autocentrado parece muito cínico, e nós desconfiamos de qualquer um que admita ser totalmente egoísta. Um exemplo particular desse problema é o *parasita*, que apenas finge cooperar com outras pessoas enquanto explora a boa vontade delas. A teoria implica que é bom focar no autointeresse, o que significa que os mais elevados padrões de moralidade são alcançados por sonegadores de impostos bem-sucedidos e pessoas que evitam pagar sua parte na conta do restaurante. A teoria favorece também quem já é influente, pois podem oferecer muitos favores às pessoas necessitadas (que são deixadas de fora da moralidade, se não podem retribuir os favores recebidos).

ÉTICA

Thomas Hobbes afirmou que um poder político seria necessário para impor o cumprimento de contratos.

CAPÍTULO ONZE

Desdobramentos modernos

O contratualismo foi ressuscitado devido a dois desdobramentos modernos. Eles sugerem que a vida bem-sucedida precisa efetivamente de padrões generosos de moralidade que sempre foram admirados, mesmo que baseados em autointeresse quase inconsciente.

Biologia	Teoria dos Jogos
Sabemos que muitos animais são cooperativos e exibem um comportamento muito mais altruísta do que percebíamos anteriormente. Atitudes solícitas estão embutidas em nosso DNA e isso é mais subsistente nos seres humanos, que vivem em comunidades complexas. Por isso, não podemos evitar exibir comportamentos que parecem morais, como uma compaixão instantânea ao ver um desconhecido sofrendo.	A Teoria dos Jogos estuda as regras da cooperação. Ela confirma que contratos únicos entre pessoas são precários e podem precisar de uma terceira parte para seu cumprimento, mas alega que a cooperação de longo prazo repetida é mais bem-sucedida se os participantes exibirem elevados padrões morais tradicionais de solicitude e confiança, inclusive fazendo um esforço adicional para o bem de terceiros.

ÉTICA APLICADA

Dilemas morais reais envolvem questões de vida ou morte frequentemente e os riscos são altos; a ética aplicada procura esclarecer essas situações. Teorias morais tratam de decisões individuais e se concentram nas intenções ou consequências. Dilemas práticos envolvem várias pessoas, tanto intenções quanto consequências são importantes e devemos decidir o que fazer e, posteriormente, julgar o que foi feito. O direito das outras pessoas à autodeterminação (sua "autonomia") tem de ser respeitado também em discordâncias morais.

TEORIA	PRÁTICA
Decisões individuais	Envolve várias pessoas
Intenções **ou** consequências	Intenções **e** consequências

ÉTICA

Diversas pessoas podem compartilhar a responsabilidade de uma ação, ou ser encorajadas, comandadas ou forçadas a fazer algo, e deixar de agir pode, às vezes, ser pior do que uma ação má. O fenômeno do *efeito duplo* ocorre quando uma boa ação tem, sem querer, efeitos colaterais ruins. É mais fácil julgar essas ações por suas óbvias consequências do que por suas intenções secretas. Entretanto, a perversidade dos efeitos colaterais ruins depende, em parte, se eles eram imprevisíveis ou se poderiam ter sido previstos, ou foram, de fato, previsíveis.

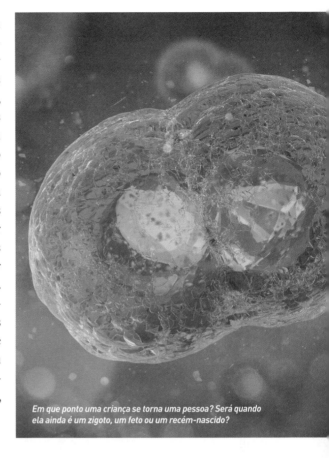

Em que ponto uma criança se torna uma pessoa? Será quando ela ainda é um zigoto, um feto ou um recém-nascido?

Aborto

O aborto apresenta os dilemas típicos da ética aplicada. Alguma entidade é morta em um aborto, mas qual é o seu status? Uma criança nascitura muda de um minúsculo aglomerado de células para um ser vivo "viável" em nove meses. Chamamos isso de "vida", "uma vida", um "ser humano", uma "criança" ou uma "pessoa"? Ou nos falta o vocabulário necessário (exceto por "zigoto" e "feto")? Não existe nenhuma distinção clara entre um feto totalmente maduro e uma criança recém-nascida.

O debate também se concentra na mãe. Deveríamos enfatizar as intenções ou as consequências? Embora os motivos para um aborto possam variar desde uma inconveniência trivial até o horror do estupro, o nascimento de uma criança tem consequências de longo prazo na vida de uma mulher. Tentamos equilibrar os direitos do nascituro e da mãe, mas também os do pai e outras pessoas envolvidas.

CAPÍTULO ONZE

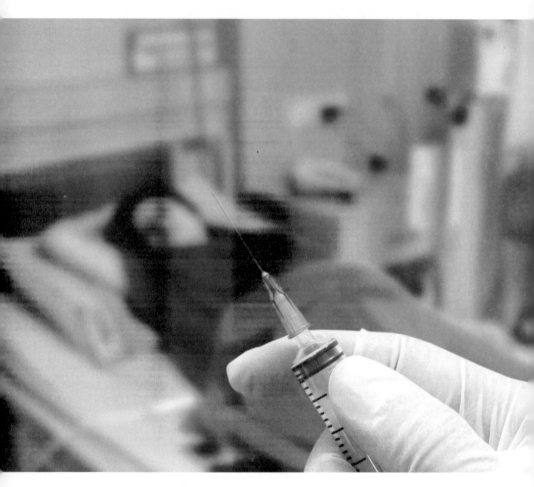

Eutanásia é assassinato ou simplesmente a retirada do tratamento?

Eutanásia

A eutanásia (assassinato por misericórdia) produz dilemas similares. Por um lado, são obviamente assassinatos; por outro, são retiradas inevitáveis do tratamento de casos irremediáveis. A liberdade de escolha é crucial, e as discussões se dão em torno de casos nos quais a eutanásia é "voluntária" (dando escolha ao paciente) e "involuntária" (a opinião do paciente é rejeitada) e "não voluntária" (quando o paciente não pode expressar qualquer opinião). Uma grande preocupação é a pressão sobre os pacientes (ou a pressão sentida por eles) quando outras pessoas podem se beneficiar de sua morte. O vocabulário usado é, novamente, importante (já que o caso pode ser igualmente "prolongar a vida" ou "prolongar o processo da morte").

Direitos animais

No passado, a humanidade demonstrou pouca consideração aos animais (apesar dos maus-tratos a eles serem um vício de caráter). Eles se tornaram moralmente importantes para os utilitaristas caso sentissem dor, e a compreensão moderna para com os animais como a água-viva, por exemplo, revela que eles são muito mais sofisticados do que julgávamos – e, portanto, merecem respeito. Os defensores mais dedicados aos direitos animais se recusam a comê-los, buscam não matar nenhum ser vivo e podem até dar mais valor a um chimpanzé saudável do que a um ser humano seriamente prejudicado. No outro extremo, os animais são sujeitados a pesquisas médicas, servem como trabalho "escravo" para nós e são utilizados como entretenimento. Ao comparar animais com o conceito de uma "pessoa", podemos colocá-los numa escala que demanda direitos cada vez maiores. A moradia higiênica dos seres humanos mata trilhões de micróbios, para nosso imenso benefício. Animais domésticos, porém, são considerados como membros da família, recebendo inclusive nomes; macacos bonobos participam de conversas simples na linguagem de sinais. Há também uma grande preocupação com as extinções (até mesmo com as espécies mais humildes), e a maioria dos seres humanos que comem carne está preocupada com as crueldades da exploração animal.

Tem-se infligido dor em animais frequentemente para o propósito do entretenimento – mas, para os utilitaristas, essa é uma questão moral significante, já que devemos levar em conta tanto o bem-estar do animal quanto dos seres humanos.

Outros debates da ética aplicada se concentram nas questões do suicídio, punição, moralidade sexual, direitos das crianças e atitudes com os idosos. A maioria dessas questões precisa de um conceito claro e noção do que é realmente valorizado quando encaramos dilemas dolorosos.

A HISTÓRIA DA FILOSOFIA

FENOMENOLOGIA E EXISTENCIALISMO
(1900-80)

A tradição de Hegel foi recuperada pela Fenomenologia de **Edmund Husserl** (1859-1938), que buscava novamente o pensamento sem pressuposições. Sua técnica de *colocar entre parênteses* (deixar de lado presunções sobre a realidade e a verdade) tinha o objetivo de purificar a experiência. Ele começou como um realista, mas foi se aproximando do idealismo e da hipótese de que os objetos são compostos dessas experiências purificadas. O Eu existe, como o sujeito necessário que sustenta o pensamento.

Martin Heidegger (1889-1976) defendeu Husserl, mas revisitou a natureza do Ser. Nós só podemos estudar nosso próprio modo mental Ser (*dasein*), que consiste em possibilidades em vez de fatos. O Eu é um processo dinâmico, relacionado ao futuro, com uma consciência da morte – e é *autêntico,* se estiver plenamente engajado. A metafísica é possível apenas através desse modo dinâmico de existência. Seu desejo pela autenticidade produziu uma rejeição crescente da tecnologia moderna.

Jean-Paul Sartre (1905-80) admirava Husserl e desenvolveu a ideia de que a essência do Eu é a liberdade – tanto para agir quanto para mudar o que você é. Dessa ideia, surgiu o profuso Existencialismo. Aceitar uma natureza humana fixa ou dizer que uma situação é inescapável é *má-fé*. Devemos assumir responsabilidade por nós mesmos e a moralidade tem mais a ver com decisões autênticas do que com consequências. A parceira de Sartre, **Simone de Beauvoir** (1908-86) é uma figura importante na nova filosofia feminista e vê liberdade existencial no papel social que as mulheres ocupam. O *gênero* feminino é uma criação social, que pode ser transformada se as mulheres assumirem a responsabilidade por si mesmas.

Michel Foucault (1926-84) era pessimista quanto à liberdade existencial porque estamos presos em relações históricas de poder. Foucault estudou a história da psicologia, da medicina e do direito penal para mostrar como participamos de nossa própria sujeição às pressões sociais. Nossa imagem da natureza humana e o que poderíamos ser está além do nosso controle. O objetivo do pensar é libertar a nós mesmos e nos tornarmos algo que ainda não conseguimos sequer imaginar.

FENOMENOLOGIA E EXISTENCIALISMO

Jean-Paul Sartre afirmava que a moralidade tinha relação com as decisões autênticas, e não com as consequências.

CAPÍTULO DOZE
SOCIEDADE

- Legitimidade • Poder
- Liberdade • Igualdade
- Justiça

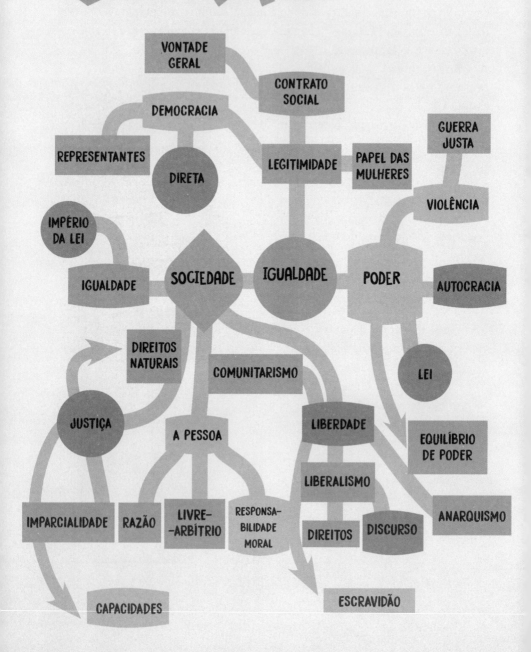

SOCIEDADE

LEGITIMIDADE

Os humanos são uma espécie sociável que começou com grupos tribais unidos por trabalhos em equipe. Sociedades mais estáveis se formaram quando "um povo" se assentou em um local em torno de um território que uniu linguagem e rituais. As sociedades se tornaram "Estados" quando desenvolveram fronteiras, instituições e a centralização da lei e da condução da guerra. A filosofia política estuda os melhores princípios para organizar um Estado assim.

Filosofia política

Propósito do Estado

O ponto de partida ideal seria estar de acordo com o propósito de um Estado. Se decidirmos que a eficiência é o objetivo principal, podemos achar que um sistema escravocrata extensivo seria bom, ou até que robôs poderiam ser melhores do que humanos como cidadãos. Se a conquista militar é o propósito do Estado, então a vida comunitária deveria concentrar-se somente no combate (como acontecia na antiga Esparta). Essas concepções não são mais populares e a hipótese normal é a de que um Estado tem como objetivo fazer seus cidadãos felizes. Isso teoricamente poderia ser alcançado com uma forma benevolente de escravidão, mas a maioria das pessoas distingue a liberdade como algo essencial para uma vida boa. Elas também podem desejar algum controle sobre o próprio Estado, além de suas vidas pessoais.

John Locke introduziu a ideia da concordância tácita.

195

CAPÍTULO DOZE

A legitimidade do governo

CONTRATO SOCIAL ▶ *O acordo de ser governado entre um povo e seus governantes.*

Jean-Jacques Rousseau acrescentou a ideia da vontade geral ao modelo do contrato social.

A filosofia política moderna começa com a questão da legitimidade de um governo. O que confere o direito a algumas pessoas de governarem outras? Thomas Hobbes propôs a ideia de um *contrato social*, que declara que as pessoas só podem ser legitimamente governadas se concordarem com isso. Como os contratos sociais reais são quase desconhecidos, Locke introduziu a ideia de *concordância tácita* – se você usa as estradas de um país, por exemplo, aceita a autoridade do governo que as construiu. Rousseau acrescentou que a imagem ideal seria a de uma assembleia na qual as pessoas alcancem um consenso (expressando a *vontade geral*) e nomeiem um governo.

VONTADE GERAL ▶ *O consenso das pessoas.*

O véu da ignorância

John Rawls trouxe objetividade a essa abordagem ao propor uma *posição inicial* imaginária a partir da qual um grupo de pessoas escolhe sua sociedade preferida. Elas partem de uma situação por trás de um *véu de ignorância* – que significa que elas vão pertencer a uma nova sociedade, mas não sabem que posição social ocuparão. Se as pessoas nessa posição imparcial alcançam um consenso sobre a estrutura de sua sociedade, então esse consenso é a base para o governo legítimo – e para a direção principal de suas políticas, que Rawls acreditava que incluiria algum bem-estar para os cidadãos mais desprivilegiados.

John Rawls sugeriu que um governo legítimo só poderia ser decidido se as pessoas não soubessem em qual posição social ocupariam nele.

SOCIEDADE

Democracias

A legitimidade democrática surge das escolhas diretas dos cidadãos. Contudo, a democracia não é a decisão de todo o povo, porque a maioria vence e a minoria se torna espectadora. Rousseau queria que a Vontade Geral fosse unânime, em vez de uma escolha da maioria. Logo, um governo é legítimo se uma grande minoria não aceita seu direito de governar? A atitude inclusiva pode envolver maior tolerância em subculturas ou o respeito pelo sistema político em si, garantindo a aceitação dos votos democráticos e uma boa representação das minorias.

Pequenas democracias podem tomar decisões diretas após debates em uma assembleia. Nas grandes democracias atuais, as decisões são tomadas por *representantes* em vez da vontade direta do povo.

Embora as mulheres tenham conseguido uma representação igualitária no início do século XX, a cultura e as instituições do governo ainda são criações masculinas.

> **Dois tipos de representantes eleitos**
> Delegatário ▶ *instruído para apresentar as perspectivas do povo*
> Fiduciário ▶ *uma pessoa admirada, de quem se esperam opiniões próprias*

Se o representante for membro de um partido político, isso pode aumentar sua legitimidade porque as pessoas aprovam um manifesto partidário, que é essencialmente uma promessa para agir de certas maneiras, mas apresentando o risco de dividir lealdades, com o representante dividido entre o partido e seus eleitores. Porém, tanto delegatários quanto fiduciários podem fracassar em representar as minorias, seja por falarem apenas em nome da maioria ou por serem um membro típico da maioria. Assim, um bom sistema eleitoral deve encontrar representantes que "espelhem" toda a população e sejam responsáveis perante o povo entre as eleições.

CAPÍTULO DOZE

A representação feminina

Uma preocupação atual é garantir que as mulheres estejam plenamente representadas. Virtualmente todas as civilizações foram dominadas por completo por homens até tempos mais recentes. Esse desequilíbrio pode ser corrigido por direitos iguais ao voto e oportunidades igualitárias na educação e no ambiente de trabalho, contudo filósofas feministas radicais explicam que o problema é mais profundo. Mesmo quando uma representação igualitária é alcançada, as instituições do governo e presunções da cultura (incluindo a vida em família) continuam sendo criações masculinas, de modo que a linguagem, os rituais e procedimentos precisam ser profundamente repensados. A própria ideia de "gênero" parece ser criada tanto por convenções sociais quanto pela biologia.

Embora as mulheres tenham alcançado igualdade de representação no início do século XX, a cultura e as instituições governamentais ainda são criações masculinas.

Indivíduos e legitimidade

A ideia de que o povo escolhe como será governado depende da ideia de uma "pessoa" como um indivíduo separado, com poderes de raciocínio, livre-arbítrio e capaz de assumir a responsabilidade moral. Derivar legitimidade desse ponto de partida individualista implica uma sociedade *liberal*. A presunção principal é a de que cidadãos são livres, desde que não prejudiquem outros cidadãos. Filósofos liberais se concentraram na duração em que os indivíduos deveriam manter sua presumida separação, ou se deveriam escolher combinar seus esforços para projetos comunitários.

> **Críticos do liberalismo**
> Críticos da esquerda ▶ *a liberdade para fazer contratos significa que os cidadãos em uma posição mais fraca (como os trabalhadores braçais) podem facilmente ser explorados.*
> Os críticos comunitários ▶ *a liberdade liberal torna fácil demais optar por se excluir da sociedade, sendo que as pessoas são essencialmente sociais em vez de solitárias e só podem desabrochar dentro de uma comunidade.*

PODER

Considerando-se que um governo seja razoavelmente legítimo, o questionamento seguinte é quanto poder deveria exercer sobre seus cidadãos. Esses poderes podem ter um amplo escopo (cobrindo a maioria dos aspectos da vida), mas com sanções leves para impor seu cumprimento, ou podem ter um escopo limitado, mas muito forte. Um governo deveria ser capaz de decidir seus próprios poderes ou isso deveria ser restrito com rigor? Governos devem ter poder, mas talvez os cidadãos pudessem também ter seus próprios poderes sobre o governo. E o poder governamental deveria se concentrar em poucas mãos, ou deveria se espalhar de forma mais ampla? Uma ideia familiar atual é a *separação de poderes*, em que o governo não tem poder sobre o sistema legal, e pode, assim, impor a constituição de uma forma mais neutra. De acordo com essa ideia, os três ramos do governo (o executivo, o judiciário e o legislativo) devem permanecer totalmente independentes. Hoje em dia, embora a maioria dos Estados siga esse ideal na teoria, ele raramente é seguido de maneira absoluta. Nos Estados Unidos, por exemplo, os juízes da Suprema Corte (poder judiciário) são nomeados pelo presidente (poder executivo) e aprovados pelo Senado (poder legislativo).

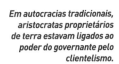

Em autocracias tradicionais, aristocratas proprietários de terra estavam ligados ao poder do governante pelo clientelismo.

CAPÍTULO DOZE

	AUTOCRACIA	TECNOCRACIA	DEMOCRACIA
Tipo	Governo de um	Governo de especialista	Governo de muitos
Vantagens	Decisões rápidas	Bem-estar – proteção daqueles que precisam de ajuda	Restringe poderes em excesso
Desvantagens	Vida ruim para o povo	Impostos	Decisões lentas

Filósofos antigos achavam que uma *autocracia* benevolente (o governo de uma pessoa só) era o sistema ideal, mas os perigos da corrupção são óbvios. Autocratas tradicionais eram cercados por uma aristocracia proprietária de terras, que espalhava o poder, e o Estado era mantido pela proteção e clientelismo do governante. Uma autocracia poderosa ao menos produz decisões rápidas (com frequência, delegadas a um conselheiro principal) e pode gerar realizações memoráveis, mas raramente resulta em uma vida boa para o povo. Se não houver nenhum autocrata, o Estado ainda pode ser governado por um grupo na elite, com uma autoridade militar, aristocrática ou econômica.

Platão sonhava com um Estado governado por líderes filósofos destacados por sua sabedoria; o que seria equivalente a uma *tecnocracia*, na qual um grupo de especialistas possuiria maior influência. O principal debate na filosofia liberal diz respeito à justificativa do "bem-estar", visto que ele valoriza indivíduos que precisam de ajuda à custa daqueles que podem pagar por essa ajuda. O poder moderno dos governos de taxar mais os mais ricos é agora aceito de modo geral, mas as três grandes ideias políticas de *liberdade*, *igualdade* e *justiça* estão em estado de tensão.

Os ricos têm a liberdade de reter o que ganharam? Os pobres têm direitos iguais a tratamentos de saúde caros? É uma injustiça estrutural muitas pessoas estarem excluídas dos benefícios de uma sociedade?

Em teoria, uma vitória em uma eleição democrática dá ao governo plenos poderes, mas um dos objetivos de uma **democracia** é limitar o excesso de poderes, então onde está o equilíbrio? O poder central que todos os democratas desejam é o de se livrar de maus líderes. Se a democracia é apenas uma técnica para escolher líderes, isso dá aos líderes uma liberdade muito ampla, mas o conceito maior de democracia inclui discussão e envolvimento públicos nas tomadas de decisão e pode ser estendido para o ambiente de trabalho e até mesmo a vida familiar. O governo nas democracias é uma atividade frustrante, pois as decisões são lentas e podem ser bloqueadas por opositores, e políticas de longo prazo são interrompidas por várias eleições. Então, deveríamos simplesmente seguir os procedimentos democráticos, ou será que bons cidadãos deveriam ter virtudes democráticas, buscar se envolver e incluir as pessoas ao redor deles nos processos cívicos?

O uso da força

Governos têm o direito de impor a lei, até mesmo através da violência, se for necessário. Mas o poder de punir vem justificado como vingança, dissuasão, prevenção, reparação ou reforma? Ou seja, as *punições* são infligidas porque são merecidas, ou para assustar as outras pessoas, ou para corrigir as coisas, ou para mudar o caráter do culpado? Mas qual punição um chantagista merece? Punir um inocente não assustaria as pessoas? A punição tardia não resolverá se queremos apenas impedir o crime. Podemos devolver a propriedade perdida, mas não uma vida perdida. Mudar o caráter é algo irremediável para culpados mais velhos. Poderíamos tentar eliminar o crime através do controle social impiedoso, mas isso entraria em conflito com os ideais liberais básicos da liberdade e autonomia.

Um governo pode tentar eliminar o crime por meio de um controle social impiedoso, mas isso virá ao custo da liberdade.

CAPÍTULO DOZE

> **Guerra justa**
> - Tem um motivo genuíno
> - Resiste à agressão
> - É proporcional
> - É o último recurso
> - Tem alguma chance de sucesso
> - Tem a autoridade do Estado

A maior autoridade de um governo é o de declarar guerra contra outro Estado, mas quando isso deveria acontecer? A teoria de uma *guerra justa* foi desenvolvida, e propõe que a guerra é permissível se ela resiste à agressão, tem um motivo genuíno, é proporcional, é um último recurso, não é fútil e tem a plena autoridade do Estado. Guerras modernas se tornaram tão horríveis que mesmo esses princípios cautelosos são colocados em questão, já que a destruição de uma grande guerra provavelmente excede, de longe, o que se pode considerar apropriado e justificado. Também foram desenvolvidos princípios padrão sobre a conduta de qualquer guerra, dizendo que a força não deve ser excessiva, os alvos devem ser legítimos, armas proibidas não devem ser utilizadas, prisioneiros devem ser protegidos e represálias são inaceitáveis. Mas podemos equilibrar a justiça de uma guerra com a justiça para os envolvidos? Como equilibrar o valor de cada vida perdida contra o valor de um futuro incerto após a guerra?

Guerras modernas colocaram em dúvida os princípios da "guerra justa".

SOCIEDADE

LIBERDADE

Nas democracias modernas e nas sociedades liberais, a liberdade é um dos valores mais apreciados. Doravante todos nós desprezamos a escravidão, que é a negação total da liberdade, mas o que há de errado, na verdade? Não pode ser meramente o sofrimento envolvido, porque a escravidão ainda é inaceitável mesmo quando os escravos estão felizes. Uma possibilidade é a de que todos os seres humanos têm "autopropriedade", então a pretensão de "possuir" um escravo é simplesmente um crime de roubo (ou receptação de produto de roubo). Parece razoável que você seja dono de si mesmo (se é que alguém seja dono), mas isso significaria que vender o seu próprio rim quando precisasse de dinheiro teria de ser legal, e que as mulheres poderiam alugar seus úteros para gravidezes de aluguel. Se sentirmos receio dessas consequências, um conceito melhor é o de *autonomia* – a capacidade básica de toda pessoa ser responsável por si mesma.

> **AUTONOMIA ▶** *A capacidade de cada pessoa ser responsável por si mesma.*

Se as pessoas deveriam estar no comando de suas próprias vidas, então escravizar alguém não apenas o despoja de um direito, mas destrói parcialmente uma característica essencial de sua existência. Isso implica que a autonomia de cada indivíduo deve ser protegida (mesmo em uma sociedade em que a escravidão seja ilegal), e serve como base para garantir a plena igualdade das mulheres.

A escravidão é universalmente desprezada – mesmo que os escravos estejam felizes. (Na imagem, pode-se ler: Não sou eu um homem e um irmão?)

CAPÍTULO DOZE

O anarquismo rejeita totalmente a ideia do contrato social e uma autoridade central.

Anarquismo

> **ANARQUISMO** ▶ *O Estado não tem nenhum direito de existir e nenhum poder legítimo.*

O anarquismo defende que um Estado não tem nenhum poder legítimo, pois não possui nem mesmo o direito de existir. Isso concede à liberdade e à autonomia a maior importância, pois destruir a autonomia por meio da escravidão é inaceitável, e abrir mão da liberdade em um contrato social também é inadmissível. Dado o direito normal de uma pessoa de se tornar monge ou freira, essa afirmação não é muito persuasiva, mas cada perda de liberdade precisa ser justificada em uma sociedade moderna. O anarquismo ainda pode ser defendido se todos os humanos desabrocharem melhor e com muita autonomia, implicando que o cumprimento de um contrato social é permissível, mas errôneo. Críticos dizem que o anarquismo pode funcionar bem quando há paz e abundância, mas é necessária uma organização central quando ocorre uma crise.

Liberdades em conflito

Todos nós queremos liberdade própria, mas ficamos preocupados com a liberdade concernente a outras pessoas:
- É bom poder escolher onde morar, mas a maioria dos Estados restringe a imigração.
- A liberdade de expressão é boa, mas a liberdade para insultar as pessoas cria sofrimento.
- A liberdade para obter cães ferozes ou armas perigosas é bastante ameaçadora, mesmo que nenhum mal venha a ocorrer de fato.

SOCIEDADE

- Uma economia capitalista precisa de um livre mercado, mas destruir impiedosamente um pequeno negócio rival parece errado.

Assim, algumas liberdades entram em conflito com outras, e nosso amor pela liberdade pode se chocar com outros valores. Se for demasiada a liberdade dada à maioria, ela poderá ser usada para perseguir injustamente uma minoria. A total liberdade de mercado pode muito bem resultar em imensas desigualdades de riqueza. Se dermos muitos direitos às pessoas, eles com frequência implicaram em deveres de outros concidadãos – como ter que dar a volta em uma grande propriedade para evitar uma invasão. O desafio é encontrar o equilíbrio e as prioridades corretas entre esses valores concorrentes.

A *liberdade de expressão* é de grande importância em uma democracia, embora a liberdade para espalhar notícias falsas seja um perigo evidente. *Liberdade religiosa* é ainda mais simples, e uma sociedade liberal é impossível sem ela. Podemos ver a liberdade religiosa como absoluta, mas alguns casos problemáticos devem ser considerados. A lealdade intensa a uma religião pode superar a lealdade do cidadão ao Estado, e um grupo religioso minoritário pode ter mais compaixão por um inimigo de guerra do que pelo seu país natal. Outras crenças podem apoiar grandes violências, mesmo que a violência não seja executada. Tais crenças não podem ser erradicadas, mas até que ponto um Estado deveria agir com persuasão para confrontar esses problemas?

Liberdade religiosa

Subculturas

A maioria dos Estados pode tolerar uma grande variedade de *subculturas*, mas deve haver algumas atividades tradicionais (como a ingestão de drogas) que são ilegais no Estado anfitrião. Essa situação é um problema tanto para a democracia quanto para o ideal de liberdade – o que pode dar respostas diferentes. Os democratas podem justificar suprimir tais coisas em nome da maioria, mas a violação da liberdade da minoria pode necessitar de uma justificativa diferente.

A abordagem utilitária

Uma possibilidade é a abordagem utilitária, que defende que ações corretas são aquelas que resultam em benefícios máximos. Essa abordagem tem exercido muita influência na tomada de decisão política (como no orçamento dos serviços de saúde). Assim, poderíamos talvez justificar a supressão da liberdade de uma minoria caso a felicidade geral do Estado fosse ampliada. Entretanto, o notório problema com essa visão utilitária é que não há escrúpulos em ser massivamente injusto, desde que as consequências sejam boas no fim. Logo, uma pequena minoria pode facilmente ser suprimida pela felicidade maior de todos, mas uma minoria maior poderá se sentir incomodada demais se sua liberdade for reduzida.

CAPÍTULO DOZE

IGUALDADE

No senso comum, as pessoas devem ser idênticas, contudo as pessoas claramente não são "iguais". A ideia de que as pessoas deveriam ser vistas como iguais em alguns aspectos não é, no entanto, algo novo. Em uma sociedade hierárquica, pessoas do mesmo nível (como dois sargentos de um exército) esperam ser tratadas igualmente, e escravos de status similares esperariam ser tratados também da mesma forma. A ideia atualmente é que em alguns aspectos *todos* os cidadãos de um Estado, e até mesmo todos os seres humanos, deveriam ser considerados como iguais. Mas em que aspectos? E será que isso é apenas uma questão de ter direitos iguais, ou de que as pessoas deveriam *de fato* ser iguais em alguns sentidos?

O contrato social e o "ponto de partida" de Rawls presumem que as pessoas, ao fazerem escolhas, têm uma voz equivalente. A sociedade que elas escolherem provavelmente será desigual, mas a justiça parece precisar de um estado inicial de igualdade. A hipótese é que as pessoas são politicamente iguais, a menos que possa ser dada uma razão para sua desigualdade.

> Em democracias, foi sugerido que os eleitores superiores deveriam ter mais de um voto, mas, na prática, todos os cidadãos qualificados têm um voto equivalente.

> A abordagem utilitária ao governo, apesar de sua tolerância a distribuições injustas, parte da presunção de que a felicidade de cada cidadão é igualmente valiosa.

Dois oficiais da mesma patente no exército esperam ser tratados como iguais.

A igualdade é mais óbvia no "império da lei". Em sociedades tradicionais, era comum que aristocratas escapassem impunes de seus crimes, mas em sistemas mais estritos todos são iguais perante a lei, e até líderes do Estado podem acabar na cadeia. A verdadeira igualdade perante a lei não diz respeito apenas ao status do réu no tribunal, mas também ao de quem é acusado e quem consegue os melhores advogados de defesa.

SOCIEDADE

Desigualdade é aceita com frequência na vida comum, por exemplo, quando um técnico subjuga seus jogadores.

Desigualdades

Na vida comum, aceitamos muitas desigualdades sem contestar. O técnico de uma equipe esportiva pode subjugar os outros jogadores e presume-se que o fundador de uma empresa seja seu administrador. Além disso, é normal aceitar uma desigualdade considerável de riqueza, e presume-se que as pessoas com muito talento ou energia mereçam recompensas maiores. Mas quais são os limites aceitáveis para essa desigualdade? Em uma sociedade capitalista, "dinheiro gera dinheiro", de modo que uma pessoa que tenha merecido uma grande recompensa pode usar esse dinheiro para aumentar sua vantagem, criando desigualdades muito maiores.

O desejo de que as pessoas deveriam ser iguais é guiado por nossa noção de imparcialidade e justiça. Mas não há nada de bom em fazer com que todos sejam igualmente pobres, e nós aprovamos grandes recompensas caso sirvam de incentivo para realizações valiosas – então, a mera igualdade não é um ideal importante. As pessoas querem que a divisão seja justa em benefícios como riqueza, educação e saúde – e, como Rawls destacou, estamos particularmente preocupados com os membros mais desprivilegiados da comunidade, que podem sofrer muitas dificuldades por causa dessa desigualdade.

CAPÍTULO DOZE

JUSTIÇA

Todos nós preferiríamos uma sociedade em que a justiça fosse dada como certa; por isso, um objetivo da filosofia política é projetar uma *Constituição* perfeitamente justa. A primeira suposição é a igualdade, pois favorecer um grupo sem motivos é obviamente injusto. Algumas desigualdades são então aceitáveis, mas como justificá-las?

A concepção de justiça para Rawls *imparcialidade* que abrange os merecimentos, oportunidades e necessidades das pessoas	**A concepção utilitária de justiça** produz o máximo de benefícios
O conceito de justiça de Robert Nozick a que você tem direito	**A visão de justiça de Martha Nussbaum** pessoas realizando suas capacidades individuais

Direitos Naturais e Direitos Legais

Seja qual for a maneira pela qual analisaremos a justiça, ela é implementada em uma sociedade dando *direitos* às pessoas. Isso parte da ideia de direitos "naturais" (à alimentação, água, abrigo e autodefesa), mas diz respeito principalmente aos direitos legais. O direito mais simples a se impor é o cumprimento de contratos, que é seu direito a receber o que foi legalmente acordado.

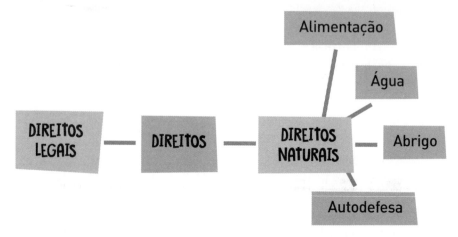

208

SOCIEDADE

Para Nozick, isso é virtualmente tudo o que é requerido da justiça. As pressuposições preliminares são a liberdade individual, autonomia e a justa propriedade de bens. É preciso, então, tudo isso para a manutenção dos contratos justos. Se você fica rico e os outros ficam pobres dessa forma, não existe um jeito justo de interferir, ser caridoso ou não é uma escolha do indivíduo.

A VISÃO LIBERTÁRIA

Liberdade individual → MANUTENÇÃO DOS CONTRATOS JUSTOS → Justiça
Propriedade justa de bens iniciais →

Nozick dá o exemplo de um campeão de basquete famoso, que fica muito rico ao cobrar um valor maior no ingresso só para poder vê-lo em jogo. Parece injusto que ele ganhe muito mais do que o restante do time, mas será errado, se todo mundo concordou em pagar? Essa é a visão *libertária* da justiça, em que a liberdade individual é o valor mais elevado, e qualquer injustiça resultante é irrelevante.

A maioria das críticas a Nozick diz respeito à justiça dúbia da "propriedade original", considerando os fatos históricos de como os bens foram de fato adquiridos. Não apenas a terra pode ter sido roubada há muito tempo, ou ter sido um presente de um governante tirano, como também ter sido comprada ilegalmente com dinheiro adquirido de modo ilegal ou imoral. As transações justas subsequentes não podem apagar esses fatos.

Para Robert Nozick, a justiça consiste essencialmente no cumprimento de contratos.

CAPÍTULO DOZE

Rawls concorda que começamos como indivíduos livres e iguais levando vidas autônomas, e qualquer desigualdade subsequente deveria ser justificada. Sua verificação é o que é aceitável para as pessoas quando elas veem a sociedade de uma perspectiva objetiva e impessoal. A justiça se concentrará então na posição dos mais carentes, que precisarão, portanto, dos **bens básicos** – os apoios normais e cruciais para a vida –, além de oportunidades iguais para abrirem caminho na sociedade. Para isso, é preciso uma redistribuição através de um sistema de impostos, e não caridade pessoal, mas todos nós deveríamos enxergar a justiça nisso se olharmos mais amplamente para a sociedade como um todo.

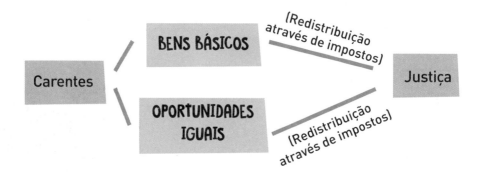

Amartya Sen e Martha Nussbaum expõem que a justiça é menos uma questão de direitos, oportunidades e contratos, mas é mais uma questão de se as pessoas são realmente capazes de viver de maneira decente (definida como a de realizar razoavelmente suas capacidades). Eles estavam menos preocupados com a instituição justa que Rawls tentou projetar, porque injustiças como a escravidão, a violência doméstica e a falta de comida são evidentes para todo mundo.

Oportunidades teóricas não são úteis caso as circunstâncias práticas frustrem as esperanças das pessoas, e é ruim a justiça deixar algumas pessoas sem nada além dos "bens básicos". Elas se concentraram especialmente em deficiências, uma vez que pessoas portadoras de deficiência são constantemente incapazes de expressar suas capacidades sem auxílio. Essa não é a visão mais prática de justiça, já que requer não apenas a criação de oportunidades (como rampas para cadeirantes), mas também o enfrentamento de preconceitos que limitam atividades gratificantes (como a negação de educação para meninas).

SOCIEDADE

Amartya Sen vê a justiça como uma questão de permitir que as pessoas tenham vidas boas.

A VISÃO DE JUSTIÇA DE SEN

Pessoas → CAPACIDADES / OPORTUNIDADES → Justiça

A HISTÓRIA DA FILOSOFIA

LINGUAGEM E LÓGICA
(1950-2000)

Na filosofia analítica, os novos focos eram a lógica e a linguagem. Os lógicos desenvolveram a teoria dos conjuntos, a teoria dos modelos, a lógica modal e revelaram as limitações da lógica. **Willard Quine** (1908-2000) tentou encontrar a metafísica mais simples que se encaixasse com a ciência moderna, e optou pelo fisicalismo somado à teoria dos conjuntos – que pode expressar a matemática necessária para a ciência. Seu critério para a existência era a de que deveria ser exprimível na lógica. Ele era cético a respeito de verdades necessárias e conhecimento *a priori*, e o significado na linguagem é conhecido apenas através de *stimuli* ou experiência física. A epistemologia deveria se tornar uma ciência experimental.

Por algum tempo, pensou-se que o significado era apenas a utilização, e a compreensão filosófica era buscada na linguagem comum. Porém, outras teorias de significado surgiram, como a que identificava o significado nas intenções do falante. **Donald Davidson** (1917-2003) defendeu a teoria do significado das condições-verdade, confiando em uma definição precisa e lógica da verdade. Ele também argumentou que a mente nunca pode estar relacionada ao cérebro por meio de regras precisas, e que razões têm poderes causais, portanto a mente deve ter propriedades distintas. A justificação é a de ter um conjunto coerente de razões para uma crença.

David Lewis (1941-2001) foi um aluno de Quine. Ele pretendia construir um relato empírico completo de nossas experiências. As propriedades eram compreendidas como conjuntos de objetos (como todas as coisas *vermelhas*), e então a teoria dos conjuntos e os mundos possíveis são usados para explicar as leis da natureza e causabilidade. Qualquer coleção de ingredientes pode contar como um *objeto*. A necessidade e a possibilidade são reduzidas ao que é verdade em mundos possíveis.

Noam Chomsky (1928) observou a velocidade e a eficiência com que as crianças aprendem linguagem e propôs que todos nós temos mecanismos adaptados para a linguagem, e que num nível profundo, todas as linguagens são, portanto, iguais. Isso ressuscitou a ideia de que nós temos ideias inatas, e colocou a linguagem dentro de um contexto evolutivo.

LINGUAGEM E LÓGICA

Noam Chomsky desenvolveu a filosofia da linguagem a partir de sua observação de crianças aprendendo a falar.

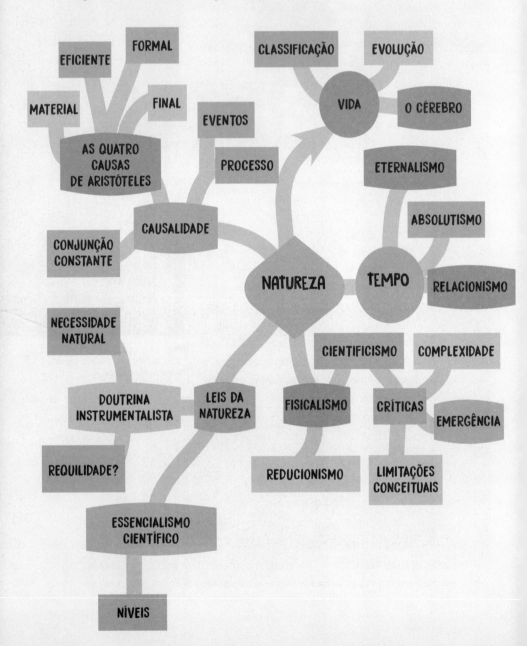

CAUSALIDADE

A filosofia trata do mundo real. Alguns filósofos perdem de vista esse fato, mas grandes filósofos também foram ilustres matemáticos e cientistas, e a maioria dos filósofos modernos presta muita atenção às descobertas da ciência. As descobertas garantidas da ciência formam o esteio de qualquer boa filosofia.

Entretanto, os filósofos têm interesses diversos dos cientistas e se concentram em fatos e conceitos que os próprios cientistas podem presumir como certos. Um bom exemplo é o conceito de *causalidade*. Na vida comum, falamos que "uma coisa leva à outra" (como quando uma gota de chuva move uma folha), e explicamos acontecimentos pelo que os precedeu e os tornou inevitáveis. Portanto, nós generalizamos e falamos a respeito "das causas" de atos e acontecimentos.

Porém, quando empíricos (notavelmente, David Hume) examinaram a causalidade sob uma perspectiva mais científica, começaram a ter dúvidas. Quando a gota movimenta a folha, vemos a gota, em seguida a folha, mas não enxergamos nenhum ingrediente extra chamado de causa que poderia ter sido observado no momento do impacto. Tudo o que vemos é a regularidade com que uma coisa acontece em seguida da outra (o que Hume chamou de *uma conjunção constante*). Como ela sempre acontece, nós pressupomos que deve

Quando a gota de chuva move uma folha, não é possível ver "a causa" no momento do impacto.

acontecer, e imaginamos uma entidade chamada "causa" que a faz realizar-se – mas a ciência depende de observações e a causa nunca é de fato observada. A ciência moderna produz equações precisas que descrevem os padrões regulares das "conjunções", mas a palavra "causa" raramente aparece nos livros de física, e já foi sugerido que a ciência pode abandonar por completo essa ideia.

CONJUNÇÃO CONSTANTE ▶ *Um acontecimento seguindo outro.*

CAPÍTULO TREZE

Se o tomate cai partido ao meio depois de cortado, você é a causa eficiente.

Alguns filósofos tentaram descrever a natureza dessa forma não causal, fornecendo descrições genéricas dos critérios de nossas experiências, mas para a maioria dos filósofos a ideia de causalidade não desapareceu.

A maioria das discussões modernas concentra-se na causa "eficiente", que é quando uma coisa faz outra coisa acontecer. Mas o que exatamente são as coisas que podem ser causas e efeitos? A perspectiva padrão as denomina de "acontecimentos" (em vez de "fatos" ou "situação"), mas essa é uma palavra bastante vaga, considerando-se que falamos de toda a era glacial como um "acontecimento". Uma era glacial pode causar uma extinção, mas é necessário falar sobre

NATUREZA

os efeitos causais de dada temperatura sobre um animal. Se uma causa precisa ser ainda mais certeira, então precisamos nos concentrar nas interações de propriedades específicas, em vez de acontecimentos. Falar de causas e efeitos implica uma coisa e depois outras, mas uma bola afundando um travesseiro ou o açúcar dissolvendo-se no chá são simultâneos, e pode ser melhor discutir sobre "processos" causais do que sobre componentes mais estáticos.

> Aristóteles tem quatro tipos de explicações causais:
> - Se uma faca é rígida porque é feita de aço, então essa é sua causa **material**.
> - Se um tomate cai partido ao meio porque você o cortou, você é a causa **eficiente**.
> - Se você se cortou sem querer porque a faca está afiada demais, a estrutura da faca é a causa **formal**.
> - E as facas existem para cortar coisas, sua causa **final**.

LEIS DA NATUREZA

A ideia de que existem "leis" na natureza surgiu na época do nascimento da ciência moderna. Ela está conectada particularmente à aplicação da matemática à natureza, pois equações como a lei do inverso do quadrado, de Newton (a força da atração entre dois objetos a uma determinada distância), pareciam ser muito simples, imutavelmente verdadeiras e "obedecidas" por todos os objetos físicos. A física moderna é dominada por tais métodos matemáticos e as grandes equações da matéria são conhecidas como suas "leis". Às vezes, imagina-se que a ciência é totalmente dedicada a descobrir leis, mas isso negligencia grandes descobertas como a existência de galáxias ou os mecanismos eletroquímicos operando nos neurônios do cérebro.

A perspectiva de Hume sobre a causalidade levou a um conceito relacionado de que as leis não são mais do que padrões regulares nas atividades naturais. Exatamente como não observamos

Descobrindo leis

As descobertas de Isaac Newton confirmaram a ideia de que a natureza possui leis matemáticas.

CAPÍTULO TREZE

nenhuma causa que faça com que uma pedra caia quando a soltamos, também não vemos nada além de *regularidades* nas quedas frequentes de vários objetos, o que parece se encaixar na equação de Newton.

> **DOUTRINA INSTRUMENTALISTA** ▶ *As leis são descrições matemáticas de mensurações científicas.*

Isso implica uma visão *instrumental* das leis – que as leis não são nada além de descrições matemáticas de mensurações feitas com instrumentos científicos. Tais leis são fortes nas previsões, mas fracas nas explicações. A teoria quântica, por exemplo, é matematicamente segura e excepcionalmente bem-sucedida em previsões, mas os físicos com frequência admitem não entender de fato o que está realmente acontecendo.

Sentimos uma *necessidade natural* de comportamentos que lembrem leis, mas a perspectiva da regularidade diz apenas que alguns comportamentos nunca mudam, sem nos mostrar que eles não têm como mudar. Isso leva a uma perspectiva comum em Hume de que as leis poderiam mudar, de modo que possamos especular sobre universos com conteúdos idênticos ao nosso, mas com as atividades dos conteúdos controladas por leis diferentes.

> **REGULARIDADE** ▶ *Leis são descrições de regularidades.*
> **NECESSIDADE NATURAL** ▶ *Leis são uma descrição de uma autoridade controladora na natureza.*

As leis parecem ser descrições de regularidades ou algum tipo de autoridade controladora na natureza. A primeira perspectiva parece segura, mas superficial, e a segunda nos dá uma visão intrigante das leis. Parece que elas devem ser sobrenaturais, se estão fora do mundo natural, ditando-lhe o que fazer. Isso implica que, se o universo desaparecesse, as leis ainda existiriam, esperando pelo surgimento de outro universo, mas nada na ciência sustenta essa visão.

> **ESSENCIALISMO CIENTÍFICO** ▶ *As leis surgem dos conteúdos do universo.*

Uma doutrina mais recente (o *essencialismo científico*) vê as leis como surgidas dos conteúdos de nosso universo, em vez de como algo imposto sobre ele. O comportamento das coisas resulta de "disposições" ativas ou *poderes* da matéria, e não de leis abstratas. Isso sugere de onde vêm as leis, confinando-as dentro da natureza do que nos é familiar, e suscita ainda que elas são necessariamente verdadeiras, porque fazem parte do que a natureza é, e não um ingrediente acrescentado a ela. As leis só poderiam ser diferentes se os conteúdos do universo fossem diferentes. A ideia de que o nosso universo poderia ter leis diferentes é rejeitada porque não podemos presumir que a gravidade seria mais fraca ou a luz mais lenta simplesmente porque podemos imaginar.

Disposições da matéria

Os seguidores de Hume dizem que isso vai além do que pode ser observado de fato, e que nem tudo pode ser uma coleção de "poderes", porque algo mais *fundamental* deve ter tais poderes. As chances de descobrirmos o que é realmente fundamental não são muito promissoras.

- Como poderíamos saber se nosso nível mais profundo de explicação é fundamental?
- Como podemos saber se alguma coisa em um nível mais profundo pode ficar escondida para sempre?

Nossas indagações envolvem a ideia de *níveis* porque os blocos essenciais formados em um nível criam as estruturas do nível seguinte. Assim, as partículas principais do modelo padrão de física (elétrons e quarks) compõem os 92 tipos de átomo de ocorrência natural. Isso nos leva do nível da física para a tabela periódica do nível da química, em que os átomos podem compor moléculas. Isso também nos leva para o nível biológico, em que as moléculas compõem formas de vida – e daí por diante. As explicações podem pelo menos funcionar em cada nível, mesmo que as coisas comecem a ficar nubladas na base de tudo.

Níveis

CAPÍTULO TREZE

FISICALISMO

REDUCIONISMO ▶ *Cada nível contém o potencial para o nível mais elevado.*

Perspectiva reducionista da natureza

Poderíamos explicar a física, depois a química, então a biologia, depois a psicologia e em seguida a economia e assim por diante, explorando cada nível, mas sem uma imagem do quadro geral. Porém, uma imagem unificada aparece se todos os níveis estão conectados, e cada nível mais alto pode ser deduzido a partir disso ou explicado pelo nível imediatamente abaixo do seu. Essa é a perspectiva reducionista da natureza, de que todo o potencial para cada nível mais alto está contido e explicado pelo nível abaixo dele. O *reducionismo* é sustentado pela afirmação moderna de que as explicações causais das ciências físicas são fechadas, o que significa dizer que aparentemente não é possível nenhum outro tipo bem-sucedido de explicação.

CIENTIFICISMO ▶ *Todas as boas explicações possíveis serão, no fim, uma explicação científica.*

Explicações científicas

Se nosso nível mais baixo conhecido é totalmente físico, e cada nível explica o nível acima do seu, então isso não apenas implica *Fisicalismo* (o conceito de que apenas as coisas físicas existem) como também *Cientificismo* (o conceito de que todas as boas explicações possíveis serão, no fim, uma explicação científica, e a maioria de nossas explicações atuais serão abandonadas no caminho). A ideia de que os níveis inferiores da física possam explicar os níveis superiores da cultura humana soa atraente a princípio (para os fisicalistas), mas a ideia de que a economia possa ser explicada inteiramente em termos de física de nível inferior é absurda. Talvez seja imaginável para algum intelecto divino, mas as mentes humanas sofreriam para apreender uma imagem dessas. Isso é frustrante, caso a nossa teoria seja a de que a economia consiste inteiramente de física fundamental em ação.

NATUREZA

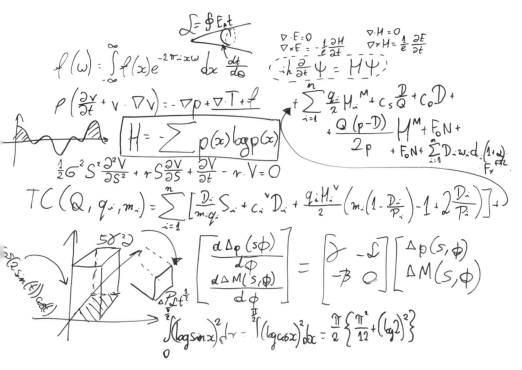

Padrões regulares na natureza podem ser apresentados como equações matemáticas, mas existem limites para o que eles conseguem explicar.

A ciência busca descobrir os padrões da existência natural, desde o menor até o maior. Os padrões mais regulares podem ser apresentados como equações matemáticas e nós podemos também identificar mecanismos e estruturas recorrentes. A despeito disso, existem três motivos principais pelos quais a física não pode explicar a economia:

COMPLEXIDADE

Existem limites devido à própria complexidade envolvida. Mesmo com os computadores mais potentes, nunca vamos prever o clima em um determinado dia dez anos no futuro, ou prever o formato preciso da próxima onda a bater na praia. Portanto, a economia pode ser assim: ergue-se pelos elos causais entre os níveis, mas torna-se tão complexa nesse processo que ela se move para além de nosso alcance.

CAPÍTULO TREZE

LIMITAÇÕES CONCEITUAIS

Uma segunda dificuldade é a limitação de até mesmo nossos melhores esquemas conceituais imagináveis. Os economistas criaram um sistema de conceitos ("crédito", "débito", "inflação", "lucro" e assim por diante) para explicar sua matéria, cada um escolhendo algo no padrão da atividade econômica humana. Contadores tentam definir com precisão os fatos financeiros, a matemática é empregada quando isso é possível, e as relações entre os conceitos são explicadas em livros técnicos. Isso, porém, jamais pode alcançar a precisão da física, porque os conceitos utilizados abarcam grupos de fatos diversos (da mesma forma que a palavra "nuvem" abarca um número infinito de formatos).

EMERGÊNCIA

Um terceiro problema que parece bloquear a redução explicativa entre os níveis é a possibilidade da emergência. Uma propriedade pode "emergir" quando um conjunto de ingredientes é reunido, como quando cresce grama suficiente para compor um gramado. Isso é apenas um novo termo descritivo, mas também poderia emergir uma nova característica, como o detalhe de ser um gramado "felpudo". A questão interessante é se as características emergentes podem ser previstas a partir dos ingredientes, o que é possível nesses exemplos.

Poderíamos assumir uma perspectiva *eliminativista* para os gramados, e dizer que os gramados não existem como entidades distintas, pois são apenas grama. O gramado e a grama não existem ao mesmo tempo. Mas será que o que emerge poderia ser mais do que a soma de suas partes? Caso possa, então tanto a redução quanto a eliminação do que emerge seriam impossíveis. O melhor exemplo para esse atributo é a mente, que parece conter muito mais do que a soma da matéria cinzenta comestível dentro de nossos crânios. A marca de uma característica emergente forte é a de que ela possui seus próprios poderes causais, que não são previsíveis a partir de algo ou não inteiramente compostos pelos poderes causais de seus ingredientes. Logo, se as mentes são fortemente emergentes e a economia envolve as mentes, então a economia não será reduzível.

De acordo com a perspectiva eliminativista, um gramado não existe, porque ele é apenas grama.

NATUREZA

Um compromisso com o Fisicalismo pode ser somente uma teoria metafísica, uma pressuposição da nossa visão da natureza, sem chance de ser comprovada através de elos redutivos precisos entre os níveis. É certo que uma característica emergente forte talvez seja impossível; nosso entendimento de complexidades na natureza pode avançar de forma contínua (com previsões climáticas bem-sucedidas para um mês inteiro) e talvez encontremos modos de aumentar e ajustar nosso esquema conceitual.

Entretanto, ainda resta uma barreira para as esperanças modernas estabelecerem que "tudo é físico", que é o fato de que a matéria física sobre a qual depositamos nossas esperanças precisam existir no tempo e no espaço. Em uma conversa comum, tomamos essas duas características como certas, como recipientes para a matéria física. Físicos veem o espaço e o tempo como parte do mundo físico, mas eles parecem existir, de modo que qualquer teoria do Fisicalismo deverá abrangê-los.

TEMPO

A primeira disputa a respeito do espaço e tempo é entre as perspectivas "absolutista" e "relativista". Isaac Newton via o espaço como algo *absoluto* – um pano de fundo fixo de locais onde os objetos podiam se posicionar. Einstein via tanto o espaço quanto o tempo como *relativos*, sendo uma questão de relações entre seus conteúdos, mensuráveis apenas dentro de um referencial comum. Suas teorias referiam-se ao espaço-tempo como uma única entidade. A teoria quântica fala de processos nos quais ondas "desabam" e partículas quânticas "saltam", o que requer tempo real. Portanto, a dúvida de que o tempo é relativo ou absoluto não foi respondida pela ciência.

Perspectivas absolutista e relativista

As teorias de Einstein se referiam ao conceito de "espaço-tempo" como uma coisa só.

CAPÍTULO TREZE

NEWTON	EINSTEIN	TEORIA QUÂNTICA
Absolutista	*Relativo*	*Absolutista*
Espaço e Tempo são fixos	Espaço e Tempo são mensuráveis apenas dentro de um referencial comum	Processos ocorrem em tempo real

O momento presente

Questionamentos sobre a existência do tempo foram levantados pelos primeiros filósofos. O momento presente não existe, sendo meramente o ponto em que o passado se encontra com o futuro; o passado deixou de existir; o futuro não chegou ainda – portanto, o tempo não existe! Se o momento presente existe, como pode existir um ano, se seus momentos não existem juntos? Porém, existem razões para acreditar no tempo. Nós dizemos que os dinossauros deixaram de existir, o que implica que o tempo deles se foi; e, ainda assim, a frase "existiam dinossauros" é verdadeira. Seu fazedor-de-verdade deve ser os dinossauros mortos há muito tempo, o que deve, portanto, ter alguma forma de realidade.

O momento presente pode ser impossível de definir, mas a experiência presente é muito mais vívida do que as lembranças ou a imaginação. E negar que o futuro exista equivale a dizer que "não temos futuro", o que parece errado. A visão de que passado, presente e futuro existem igualmente é chamada *eternalismo*, que afirma que todo o tempo coexiste e o "momento presente" não é uma parte especial da realidade.

ETERNALISMO ▶ *Passado, presente e futuro existem igualmente.*

Os cientistas dão preferência ao eternalismo enquanto a física só se ocupa de sequências gerais de acontecimentos, e não de momentos em particular. Para o restante de nós, contudo, a vida não faz sentido se o momento presente não tem importância, e o passado e o presente tiverem status iguais. Temos arrependimentos amargos sobre o passado e esperanças agoniadas quanto ao futuro. Jamais poderíamos acreditar que o momento presente é irreal quando estamos correndo para pegar um trem.

NATUREZA

Podemos reconhecer ao mesmo tempo que dinossauros não existem mais, mas que já existiram.

Fazemos uma distinção entre a "*Série A*" e a "*Série B*" do tempo. A Série A é uma forma de tempo *flexionada*, porque "ela correu", "ela está correndo" e "ela vai correr" expressam três fatos objetivos distintos. O tempo é visto a partir da perspectiva presente, e a verdade das três frases muda conforme o tempo passa. A *Série B* do tempo fala apenas de "antes" e "depois" (a perspectiva *não flexionada*) do tempo, sem nenhuma importância para o momento presente e nenhuma noção de passagem do tempo. A conversação comum dá preferência à Série A (em que o tempo passa), e a ciência tende a preferir a Série B (em que os acontecimentos simplesmente têm uma ordem).

A favor da perspectiva da Série A, temos o fato de que nos lembramos do passado, mas não do futuro, e tememos ou planejamos o futuro, mas não o passado. A favor da perspectiva da Série B, temos o fato de que o momento presente é irrelevante para as grandes verdades da física e o fato de que todos os tempos devem ter uma existência igual, pois podemos fazer declarações verdadeiras a respeito de todos eles. O bom senso da Série A pode inferir que tanto o passado quanto o futuro são totalmente inexistentes. Se o momento presente não tem duração, essa inferência pode induzir uma sensação de pânico. O tempo parece incontroverso na perspectiva da Série B, mas na perspectiva da Série A nossa experiência de tempo se torna desconcertante, pois cada instante se vai antes que você possa agarrá-lo.

CAPÍTULO TREZE

SÉRIE "A"	SÉRIE "B"
Flexionada	Não flexionada
"ela correu", "ela está correndo" e "ela vai correr"	Apenas "antes" e "depois"
Conversação comum	Linguagem científica

Até os eternalistas admitem que o tempo tem uma direção, mas enxergam isso como um aspecto das relações causais ou advindo da entropia (a dispersão universal de energia). Contudo, isso pode ser explícito utilizando o antes e o depois da Série B, nomeando o momento de cada acontecimento em uma sequência, como "4 de agosto de 1914", a data em que a Grã-Bretanha declarou guerra contra a Alemanha. Nós só temos um conceito de tempo porque as coisas mudam, então talvez possamos apenas descrever as mudanças e abandonar a ficção do "tempo".

Nós só compreendemos a ideia de tempo porque as coisas mudam.

NATUREZA

VIDA

Além de explorar o modo como pensamos, os filósofos também precisam de uma imagem de nossa biologia e nosso lugar no ecossistema da Terra. Muita coisa depende, por exemplo, do quanto parecemos ser fundamentalmente diferentes dos outros animais. A teoria biológica mais influente é a visão da seleção natural da evolução, que pode explicar como pensamos e por que estamos aqui. Nós também podemos agora ter uma perspectiva ecológica da vida, o que coloca a humanidade num contexto muito mais amplo.

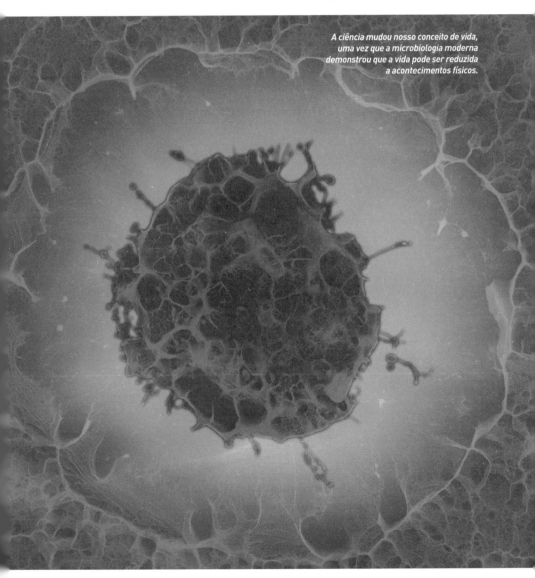

A ciência mudou nosso conceito de vida, uma vez que a microbiologia moderna demonstrou que a vida pode ser reduzida a acontecimentos físicos.

CAPÍTULO TREZE

A ciência mudou de forma surpreendente nosso conceito moderno de *vida*. Presumia-se que, para se estar vivo, era necessário algum ingrediente extra – como algum tipo de fogo, ou uma alma espiritual, ou uma força sobrenatural ou uma substância vital especial.

Esses desdobramentos sugerem fortemente que a física está "fechada" (não requer nenhuma explicação externa) e que a vida é reduzida a acontecimentos físicos. Hoje em dia, a maioria de nós aceita que a vida de uma planta é, essencialmente, química. Como o aspecto mais importante do DNA é a informação que ele carrega, a vida agora é, às vezes, definida em termos de informação em vez de química.

DESAFIOS CIENTÍFICOS PARA A ALMA

Os elementos químicos nos nossos corpos podem ser sintetizados em um tubo de ensaio

A lei de conservação de energia sugere que não pode haver nenhuma outra fonte de energia além da física

A microbiologia moderna não descobriu nenhum sinal de força externa no nível das células ou da bioquímica

Classificando a natureza

Aristóteles foi a primeira pessoa a propor categorias na biologia; classificar a natureza sempre interessou aos filósofos.

Os métodos modernos de classificação são controversos. Originalmente, isso era feito apenas por características externas, como listras e conchas. Atualmente, temos hereditariedade evolucionária e análise genética para levarmos em consideração. Existem quatro métodos principais de classificação:

- por características, internas ou externas
- por pertencer a um grupo que se reproduz isoladamente
- por ocupar um nicho ambiental
- pela história e os pontos de divisão em sua linhagem

Os cientistas preferem classificar as coisas por suas relações, em vez de sua natureza essencial, isso porque as posiciona com precisão dentro de um sistema. Os filósofos se dividem entre os que são céticos sobre a classificação, vendo isso como uma mera convenção (como ter nomes convenientes para pedaços de terreno), e aqueles que dizem que os nomes dos animais têm relação com sua natureza essencial. Kripke argumenta que a palavra "tigre" deve nomear originalmente um animal em particular, e outros animais são tigres também porque compartilham da natureza essencial daquele primeiro (como seu DNA típico).

Aristóteles foi o primeiro filósofo a categorizar a natureza.

CAPÍTULO TREZE

Filosofia e Evolução

A teoria de *seleção natural* de Darwin (que afirma que todas as características das criaturas vivas resultam do sucesso reprodutivo prévio) ofereceu uma boa explicação para a variedade natural e a genética moderna fez dela uma parte garantida da biologia moderna. Os filósofos têm sido tardios em abordar as implicações da evolução. Embora o fato de sermos bípedes e dotados de polegares opositores possa ser um resultado óbvio da seleção natural, a ideia de que o funcionamento de nosso cérebro e, portanto, nosso raciocínio possa também advir desse processo é algo mais difícil de digerirmos.

Na filosofia ética, a impopular visão contratualista de moralidade (de que ela é uma estratégia para que as pessoas egoístas recebam auxílio de outras) tem ganhado apoio.

Filósofos têm sido retardios em abordar as implicações da teoria da seleção natural de Charles Darwin.

NATUREZA

O cérebro evoluído

- A teoria dos jogos da matemática pode explicar o comportamento amistoso entre insetos como uma estratégia evolutiva e o mesmo pode ser aplicado à humanidade.
- Nosso amor à verdade e ao conhecimento pode ser compreendido melhor em termos de sua utilidade, em vez de como ideais elevados da razão pura (e talvez até mesmo delírios podem ajudar na sobrevivência).
- A consciência humana, à qual os filósofos designaram um status elevado, precisa ser explicada em termos dos pequenos passos da evolução física pela qual o cérebro passou, sugerindo que ela é um produto da seleção natural tanto quanto nossas unhas.

A genética confirmou de forma ampla o nosso parentesco próximo com os chimpanzés e os bonobos; até as bananas parecem ser nossas primas mais distantes. Isso fortaleceu muito a imagem da humanidade como integrada ao ambiente, o que produziu a ciência da Ecologia, incentivando-nos a viver dentro da natureza em vez de apartados dela, explorando-a implacavelmente. Todos esses desdobramentos biológicos são cruciais para a filosofia, porque o modo como vemos a raça humana mudou consideravelmente, e todas as nossas teorias filosóficas surgem, em parte, de como nós nos vemos.

A genética confirmou que os humanos são parentes próximos dos chimpanzés.

A HISTÓRIA DA FILOSOFIA

Daniel Dennett usou a neurociência como apoio em sua análise da consciência humana.

MENTE E CIÊNCIA
(1960-PRESENTE)

A neurociência incentivou a redução da mente aos acontecimentos físicos. Behavioristas viam a mente como um mero comportamento exterior, e outros ainda viam a mente como uma atividade física cerebral. **Hilary Putnam** (1926--2016) propôs que a mente é o comportamento *interno* do cérebro – suas *funções*. Posteriormente, ele propôs que os significados das palavras não são particulares, mas sim espalhados na sociedade e no mundo, de forma que a mente em si tem um aspecto externo.

Daniel Dennett (nascido em 1942) estudou cuidadosamente a neurociência e expôs que examinar sua própria consciência é muito enganoso. A maior parte do que falamos sobre mentes é apenas uma forma de lidar com outras pessoas, não um relato do que está realmente acontecendo. Uma porção muito maior do que nos damos conta de nossa vida mental é, na verdade, inconsciente.

Jerry Fodor (1935-2017) perguntou-se como o cérebro funciona e propôs uma *linguagem do pensamento* escondida, e uma construção *modular* da mente (como unidades separadas que formam uma equipe). Ele disse que muitos conceitos devem ser inatos, e não adquiridos através da experiência.

David Chalmers (nascido em 1966) resiste ao fisicalismo redutivo, dizendo que nós subestimamos o problema. Ele nos incentivou a encarar a difícil pergunta: por que nós realmente *vivenciamos* informações, em vez de simplesmente processá-las? Isso levou alguns pensadores a dizer que a consciência jamais pode ser compreendida, porque as evidências são insuficientes.

A influência crescente da ciência sobre a filosofia levou a questionamentos sobre a autoridade da ciência. **Thomas Kuhn** (1922-96) descobriu que os cientistas manipulam resultados para que se encaixem em teorias elegantes e demonstrou como é difícil comparar uma teoria a outra porque os conceitos principais alteram seus significados. **Saul Kripke** (nascido em 1940) propôs uma alternativa para contrabalançar esse fato. As referências de muitos nomes (como "ouro", por exemplo) não se alteram, porque elas *designam rigidamente* uma coisa em particular. Kripke afirmou que podemos descobrir verdades necessárias por meios científicos, o que disparou uma grande ressurgência da metafísica – além de uma confiança ampliada na ciência.

CAPÍTULO CATORZE
TRANSCENDÊNCIA

- Além da Natureza
- Existência de Deus
- Natureza de Deus

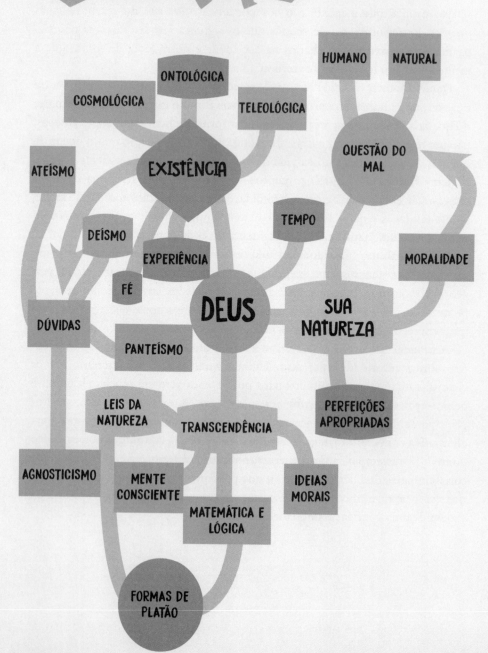

ALÉM DA NATUREZA

Existe algo que transcenda a natureza (que exista para além dela)? As crenças transcendentes mais notórias são as religiosas. Elas afirmam a existência de mentes espirituais (notavelmente, Deus), que não estão sujeitas às nossas leis naturais. Existem quatro categorias de fenômenos que também podem transcender o que é meramente físico:

- consciência
- matemática e lógica
- as leis e ideias que controlam a natureza
- ideais morais

Podemos considerar esses quatro elementos como elementos não físicos na natureza, ou como existindo para além da natureza em um reino "sobrenatural".

Dessas quatro possibilidades, a mente consciente é a mais importante, porque não poderíamos ter nenhum conhecimento dos outros três se nossa mente fosse incapaz de preencher o vácuo entre o nosso cérebro físico e esses fenômenos não físicos. Já discutimos essas questões anteriormente neste livro (ver capítulo seis). A mente é física, debilmente emergente (resultando de acontecimentos cerebrais), fortemente emergente (tendo algum poder causal sobre os acontecimentos cerebrais) ou uma substância não física.

A forte emergência ainda coloca a mente dentro da natureza, mas o *dualismo de substância* (ver pág. 101) coloca a mente ao menos parcialmente no mundo sobrenatural. A implicação da forte emergência é que a natureza é profundamente diferente da imagem oferecida pelos físicos. Podemos pensar que a física é fechada (e pode, assim, explicar tudo), mas na verdade não é assim, porque acontecimentos também são causados por poderes mentais emergentes, com mais obviedade quando os humanos tomam decisões conscientes. O dualismo de substância nos leva para além da natureza, porque envolve a existência de um modo diferente da realidade – o reino espiritual. Não detectamos nenhum mecanismo no cérebro físico que possa cobrir o vão entre o nosso mundo e esse outro, mental/espiritual; logo, a capacidade de fazer contato com o mundo físico deve ser um aspecto da substância mental.

Dualismo de substância

A Mente Sobrenatural

Se a mente tem um modo sobrenatural de existência, isso abre a possibilidade de que a lógica, as leis naturais e os ideais morais (com os quais a mente é familiarizada) também podem transcender a natureza, tendo uma existência eterna e necessária, mas com alguns poderes que influenciam a natureza. As Formas de

CAPÍTULO CATORZE

Platão (conceitos idealizados que guiam tanto pensamento quanto realidade) têm um status eterno como esse, e muitos lógicos e matemáticos veem em seu objeto de estudo verdades que existem com bastante independência das ideias humanas a respeito delas. Evidências comprovando a influência desse reino transcendente sobre a natureza são vistas nos padrões matemáticos precisos encontrados nas estruturas de plantas e elementos químicos, e no fato de que a natureza deve obedecer às leis lógicas como uma não contradição. Alguns atos, como a crueldade para com inocentes, parecem tão evidentemente perversos para todos que a única explicação é a existência de valores morais transcendentes.

Essa linha de pensamento, partindo do fisicalismo, pode gradualmente nos levar ao sentido da religião – mas a história de nossas culturas segue no rumo inverso, porque as crenças religiosas eram uma presunção universal muito antes que alguns pensadores sugerissem o fisicalismo. A ciência em grande parte funciona sobre a presunção do fisicalismo, e a teologia presume a existência de Deus (e busca desenvolver doutrinas coerentes). A filosofia se orgulha de ter pouquíssimas presunções, então consideraremos a crença religiosa de uma perspectiva tão neutra quanto possível.

EXISTÊNCIA DE DEUS

A maioria das crenças religiosas modernas é centrada na existência de Deus, uma única entidade espiritual suprema, combinando poderes e perfeições de tal modo que Deus domina a natureza e tem um status da mais elevada importância.

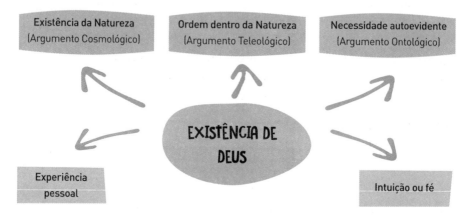

TRANSCENDÊNCIA

A crença na existência de uma entidade tão suprema é baseada em cinco pontos principais: a mera existência da natureza; a ordem dentro da natureza; a necessidade autoevidente de tal ser; experiências pessoais; e a intuição ou fé. Desses cinco, os três primeiros são os mais importantes: o Argumento Cosmológico, o Argumento Teleológico e o Argumento Ontológico.

Argumento Cosmológico

O *Argumento Cosmológico* declara que a própria existência do cosmos implica a existência de Deus – como seu ponto inicial e fonte. Na natureza, presumimos que todo acontecimento tenha uma causa, o que implica uma cadeia de eventos no tempo, seja um primeiro acontecimento ou eternamente. Se todo acontecimento tem uma causa, como pode existir um primeiro acontecimento? O primeiro evento deve ser uma exceção à regra – algo que tenha *causado a si próprio*. Tudo dentro da natureza parece ter sido causado, então essa **Causa Primeira** deve estar fora da natureza, e apenas uma mente poderia ter essa habilidade – que lembra nossa própria habilidade de fazer escolhas livremente. Mas e se a cadeia de eventos não tem início? Então, precisamos de uma explicação de por que a cadeia persistiu em vez de parar e por que a cadeia tomou a direção que tomou, em vez de uma diferente. Logo, deve ainda existir uma causa externa para sustentar e dirigir o que existe. Nos dois casos (com ou sem a presunção de um início), a única causa externa concebível do cosmos é uma mente suprema que possa iniciar acontecimentos.

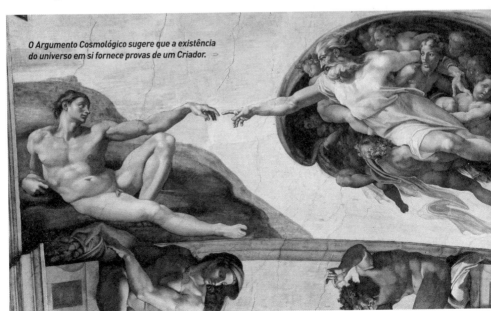

O Argumento Cosmológico sugere que a existência do universo em si fornece provas de um Criador.

CAPÍTULO CATORZE

A existência de padrões complexos e ordenados na natureza, como a sequência de Fibonacci, evidente nos girassóis, sugere a existência de um Designer Inteligente.

Argumento Teleológico

A palavra *telos* em grego significa "propósito", e o ***Argumento da Criação*** ou Teleológico afirma que a estrutura ordenada da natureza implica a existência de uma mente organizada e com propósito. O argumento usualmente presume que, sem um organizador, a natureza seria uma bagunça, um caos. A ideia de que a natureza deveria ter sua estrutura intrincada e bela por puro acaso é ridícula (como se letras jogadas no chão formassem um poema perfeito). Esse argumento às vezes é colocado como uma analogia. Se vemos um grupo bem organizado de pessoas, ou uma máquina com funções bem-sucedidas, presumimos que alguém esteja no comando do grupo, ou alguém planejou e construiu a máquina. Vemos tal organização e função na natureza também, portanto, devemos presumir, da mesma forma, uma mente no controle.

Argumento Ontológico

Os dois primeiros argumentos se referem às evidências: da existência da natureza e da organização nela. O ***Argumento Ontológico*** se apoia puramente no pensamento *a priori*, no conceito desse ser supremo. O conceito mais comum que temos de Deus é o de um "ser supremo perfeito", ou uma entidade "cuja grandeza é impossível conceber outra maior". Em ambos os casos, devemos então considerar que tais atributos e conceito devam necessariamente existir, de modo a se encaixar na descrição dada. Esses atributos devem incluir poder, conhecimento e bondade moral em seu nível máximo. Mas também vemos a existência como um atributo crucial, sem o qual nenhuma outra perfeição é possível. Assim, a existência é a primeira perfeição, e Deus deve necessariamente existir, porque o próprio conceito exige isso, da mesma forma que um triângulo necessariamente tem três lados.

Fé e Experiência

Muitas pessoas tiveram experiências pessoais que parecem envolver consciência direta ou comunicação com Deus, e grupos de pessoas vivenciaram milagres, que parecem ser intervenções diretas de Deus sobre as questões humanas. Os filósofos normalmente dão menos peso a esses argumentos a favor da existência de Deus (em comparação com os três primeiros), porque eles são muito menos universais em sua aplicação, e dependem de confiar no testemunho de outras pessoas, e, às vezes, de um passado distante. Eles podem ser motivos poderosos para as pessoas que tiveram essas experiências, mas normalmente são eventos únicos que não podem ser repetidos para um novo público. O mesmo pode ser dito da fé ou intuição, que pode dominar a mente de um fiel, mas ser menos persuasiva para um cético, especialmente considerando-se que essa abordagem não ensina um modo de arbitrar entre fés rivais, ou intuições rivais, sobre versões conflitantes da verdade.

Avaliando os argumentos
Os três principais argumentos a favor da existência de Deus têm sido criticados pelos incrédulos. O Argumento Cosmológico tem a dificuldade de presumir que tudo tenha uma causa, e inferindo então que não exista uma causa. Se algo pode ser "autocausado", por que isso teria de ser Deus, em vez de um primeiro acontecimento incomum? Cada um dos argumentos a favor da existência de Deus tem implicações sobre a natureza de Deus, mas esse argumento simplesmente sugere uma mente que dá um primeiro empurrão à causalidade, que não é o ser sendo adorado na maioria das religiões.

O Argumento da Criação é provavelmente o menos preferido pela maioria dos fiéis. Vivemos em um mundo que funciona primorosamente, com uma aparência incrivelmente bela. Isso não apenas parece sugerir um projetista, mas também um ser que demanda nossa adoração. Críticos respondem que o mundo também tem um lado ruim com defeitos e feiura; portanto, não podemos inferir um projetista perfeito. Hume propõe que, se o argumento é uma analogia, então o criador do universo poderia muito bem ser uma equipe de deuses ou um deus que comete erros. O maior desafio a esse argumento é a afirmação de que a natureza talvez tenha desenvolvido sua bela ordem através

Hume argumentou que o criador do universo poderia ser uma equipe de deuses que cometeram erros enquanto projetavam o mundo.

CAPÍTULO CATORZE

da seleção natural, sem ajuda de algo sobrenatural. Isso pode explicar as coisas vivas, contudo os movimentos harmônicos do cosmos e a poderosa simplicidade das leis da natureza continuam sem explicação.

Constantes cosmológicas

O Argumento da Criação se fortaleceu nos tempos modernos pela percepção de que as **constantes cosmológicas** (os valores básicos da física, tais como a força da gravidade ou a massa do elétron) parecem ser reguladas para tornar a vida possível. Modelos computadorizados demonstram que qualquer pequeno desvio do atual conjunto de constantes tornaria a vida impossível. Isso sugere que os valores foram determinados por um projetista, com um propósito. Esse fato impressionante seria menos surpreendente, contudo, se houvesse uma multitude de universos variados, em vez de apenas este em que nos encontramos.

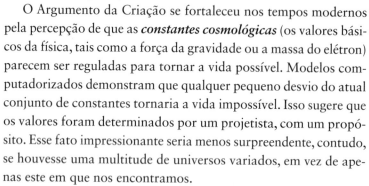

Espinoza escreveu longamente sobre Deus, mas muitos críticos afirmam que ele estava próximo do ateísmo.

Poucas pessoas aceitaram a existência de Deus simplesmente por causa do Argumento Ontológico, que parece mais engenhoso que persuasivo; contudo, ele atrai qualquer um que sinta que *deve existir* um Deus (em vez de perceber Deus como uma teoria promissora). Se o argumento é inválido, é um grande desafio dizer o que há de errado. O argumento depende de que a existência seja um dos atributos de Deus (ou de qualquer outra coisa que exista). Assim, três atributos do seu sapato são: ele tem uma sola, ele tem formato de pé, e ele existe. Kant disse que isso é um equívoco, porque a existência é uma pressuposição de discutir o seu sapato, não um de seus atributos. Na lógica moderna, a existência é tratada como um quantificador, especificando o que existe em uma frase, em vez de como sendo um ingrediente da frase. Mas a objeção de Kant pode estar errada, e a contemplação do conceito de Deus ainda pode levar um pensador compassivo à inevitável existência de Deus.

DEÍSMO ▶ Deus existe, mas não tem nenhum envolvimento nos assuntos humanos.

TRANSCENDÊNCIA

Dúvidas sobre religião aparecem em diversos graus. O deísmo aceita a existência de Deus por causa do Argumento Cosmológico (de que a fundação da natureza deve ser uma mente espiritual), mas não vê nenhum sinal do envolvimento de Deus nos assuntos humanos, e vê Deus como muito remoto e indiferente às preces (uma perspectiva às vezes chamada de "o Deus dos filósofos"). Espinoza propôs o *Panteísmo*, que tem uma visão *naturalista* da mente e não encontra motivo algum para acreditar em substâncias espirituais, mas se impressiona com o caráter assombroso do mundo natural e, assim, identifica Deus e natureza como uma única substância. Os escritos de Espinoza falam continuamente de "Deus", mas alguns críticos dizem que ele estava próximo do ateísmo.

> **PANTEÍSMO** ▶ *Deus e natureza são uma coisa só.*

A postura *agnóstica* dá prioridade à evidência direta e conclui que há poucas provas contra ou a favor, de modo que não é possível formar uma opinião firme sobre a existência de Deus. Ateus se comprometem com a perspectiva de que Deus não existe. As principais bases para o ateísmo são a debilidade nos três principais argumentos a favor da existência de Deus, a falta de provas quanto à existência de uma alma e imortalidade, e explicações científicas sobre a existência e o caráter da raça humana. *Ateus* também são inclinados a duvidar da ocorrência de milagres, e negam o status sagrado dos principais textos religiosos.

Ateísmo e agnosticismo

> **AGNOSTICISMO** ▶ *Não existem provas suficientes para formar uma opinião sobre a existência de Deus.*

Os *positivistas lógicos* (um movimento empírico moderno) também levantaram um importante desafio ao significado de boa parte da *linguagem religiosa*, questionando que evidência poderia valer a favor ou contra sua verdade. Se os fiéis não apresentam variação na força de suas convicções de acordo com as provas, será que foi realmente proposto algo que valha a pena?

Positivismo lógico

CAPÍTULO CATORZE

NATUREZA DE DEUS

Quando se discute a existência de Deus, deve haver alguma ideia do que se quer dizer com "Deus", por mais que um ser desses também seja misterioso. As razões para acreditar em Deus ajudam a esclarecer o que o conceito significa, já que inferimos do Argumento Teleológico que Deus ama a beleza e a ordem, e do Argumento Ontológico inferimos que Deus tem todas as perfeições possíveis.

Se aceitamos esses argumentos, e presumimos que Deus existe, então os outros esclarecimentos são possíveis quando consideramos o que é provável, dadas as evidências, o que é necessariamente verdade e o que é impossível. Assim, parece provável que: Deus ame a ordem, que Deus exista eternamente, e é impossível que Deus possa provar que Deus não exista.

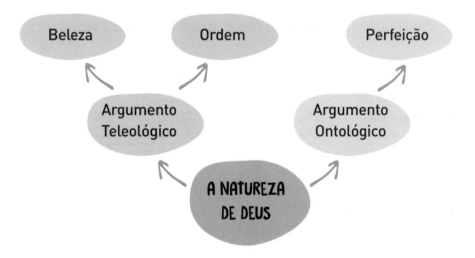

Perfeições apropriadas

Uma versão do Argumento Ontológico diz que Deus é "supremamente perfeito", então podemos perguntar quais seriam essas **perfeições**, e se elas podem ser consistentes. Algumas perfeições são triviais, como fazer um bolo perfeito, então devemos dizer que Deus tem "perfeições apropriadas". Um ser onipotente não poderia criar algo sobre o qual não tivesse poder, então nós devemos também restringir as perfeições ao que é possível. Estas tendem a ser as virtudes humanas mais admiradas – como conhecimento, poder, sabedoria e benevolência –, mas isso indica a dificuldade de usar conceitos humanos para pensar sobre Deus. Possíveis contradições em meio às perfeições incluem ter tanto conhecimento do futuro quanto do livre-arbítrio, já que o futuro precisa ser fixo para ser conhecido, e, assim, não pode haver escolha.

242

TRANSCENDÊNCIA

Se Deus criou o cosmos, Deus existe totalmente fora do tempo?

Essa dificuldade levanta a interessante questão de *como Deus se relaciona com o tempo*. Se presumimos que Deus criou o cosmos e ocasionalmente interfere em seu funcionamento, esses atos ocorrem no tempo, sugerindo que Deus tem um passado imutável e um futuro incognoscível, exatamente como nós. Tais limitações são normalmente rejeitadas em favor da visão de que Deus existe ou fora do tempo, ou em todos os tempos. Se Deus se encontra totalmente fora do tempo, isso torna a criação e as intervenções desconcertantes; logo, o melhor relato afirma que Deus existe em todos os momentos, da mesma forma que nós existimos em um momento presente. Isso se encaixa com as perfeições da onisciência e da onipotência (porque todos os eventos podem ser conhecidos juntos e controlados), mas permite a Deus um modo de existência temporal que para nós é inimaginável.

Deus e moralidade

A maioria das discussões sobre a natureza de Deus se concentra na moralidade. Platão levantou a questão (a **Questão de Eutífron**) de o que teria prioridade, a moralidade ou Deus? Ou seja: Deus é muito sábio e, portanto, compreende o que é virtuoso, ou as virtudes são as qualidades preferidas por Deus?

CAPÍTULO CATORZE

Platão deu prioridade à moralidade.

Kant apontou que, se você ama Deus porque Deus é bom, isso demanda seu próprio padrão humano de moral.

Quem acredita em Deus usualmente vê uma autoridade divina na moralidade, mas quem não crê impõe asserções morais sem uma fonte divina.

Teólogos normalmente preferem a postura de que um Deus supremo é o criador da moralidade, em vez de apenas seu descobridor – embora isso implique que qualquer preferência que atribuamos a Deus deve ser vista como boa, mesmo que nós pessoalmente a achemos perversa.

A questão do mal

Presume-se normalmente que a benevolência seja uma das perfeições de Deus, apesar de no passado Deus ter sido visto como raivoso, ciumento ou vingativo. Isso nos leva à *questão do mal* – de que existe uma contradição caso um ser benevolente fracasse em controlar o mal quando tem tanto o poder quanto o conhecimento para fazê-lo.

Mal humano e mal natural

Surgem problemas diferentes para o "mal humano" (como o genocídio) e o "mal natural" (como um terremoto). Uma resposta ao primeiro caso é insistir na importância do livre-arbítrio humano. Diz-se que o fato crucial sobre os humanos é sua autonomia, seu pleno controle sobre suas próprias vidas. Considerando que as más ações são possíveis em qualquer mundo, as pessoas são, portanto, livres para serem más, e podem inevitavelmente fazer isso – embora isso ainda seja melhor do que um mundo em que as pessoas não tivessem essa liberdade. Podemos ainda contestar que a liberdade para cometer genocídio é uma liberdade excessiva, mas a vida seria muito limitada se o mal fosse impossível.

TRANSCENDÊNCIA

Desastres naturais, como os terremotos, sugerem que um Deus benevolente não existe.

O mal natural é o problema maior, porque a humanidade é impotente contra essas coisas, e Deus parece ser totalmente responsável. Quem não crê, cita o mal natural como uma prova importante de que um Deus benevolente não existe. As defesas normais contra essa acusação são:
- esse mal é inevitável
- males vêm para o bem, no longo prazo
- o mal é apenas aparente, não real

Leibniz argumentou que um Deus perfeito criou um universo perfeito, e nós só duvidamos disso porque não compreendemos as compensações inevitáveis envolvidas numa criação assim. É impossível fazer um planeta, por exemplo, sem terremotos regulares. A segunda defesa diz que precisamos ver o plano maior de Deus antes de condenarmos os desastres naturais, já que o sofrimento pode ser um passo inevitável na direção da salvação humana ou do aprimoramento moral. A terceira defesa sugere que nós exageramos o mal na dor física e no luto porque nossa visão é humana e estreita demais. Assim, um terremoto é um acontecimento bom – para o planeta, não para nós.

Leibniz argumentou que nós falhamos em perceber que o mundo que Deus criou é perfeito, nós é que não entendemos as compensações envolvidas.

245

ÉTICA E POLÍTICA
(1970-PRESENTE)

Por um longo tempo, as regras morais eram utilitárias (para aumentar os benefícios) ou deontológicas (para seguir o dever mais estrito). **Alasdair MacIntyre** (nascido em 1929) liderou um ressurgimento da teoria da virtude, baseado no fato de que as duas teorias rivais haviam fracassado em suas tentativas para provar seus princípios. A teoria da virtude vê a moralidade como relativa à comunidade, em vez de aos indivíduos, e a teoria moral agora se tornou mais política. O desafio principal era de que se os valores morais não tinham nenhum significado estrito (como declaravam os *expressivistas*), ou se eles eram fundamentados em verdades morais ou nos problemas da vida. **Carol Gilligan** (nascida em 1936) deu uma ênfase feminista à abordagem da virtude, defendendo que a imparcialidade é superestimada na ética, quando o importante é o cuidado pessoal a outros indivíduos.

Peter Singer (nascido em 1946) tem sido muito influente, especialmente em relação aos animais. Como os animais sofrem, seus direitos morais são comparáveis aos nossos, portanto nós não deveríamos comê-los, e deveríamos nos importar assim como nos importamos com os humanos.

O pensamento político foi ressuscitado pela obra de **John Rawls** (1921-2002), que ofereceu uma nova abordagem ao liberalismo e à justiça. A sociedade deveria focalizar nos menos privilegiados, porque essa é a vida menos desejável, caso você entrasse vendado em uma sociedade. **Robert Nozick** (1938-2002) prontamente respondeu com a defesa de uma visão mais libertária, rejeitando qualquer tipo de engenharia social. Ele defende a liberdade como o principal valor político, enquanto outros com frequência defendem a justiça.

Uma proposta mais recente, de **Martha Nussbaum** (nascida em 1947) e outros, é a de que o liberalismo se concentra demais em liberdade e oportunidade, e não o suficiente nas vidas reais das pessoas, o que seria melhor se suas *capacidades* recebessem plena expressão. A justiça é o que importa – em vez de liberdade ou igualdade – e ela deveria ser prática, e não teórica.

ÉTICA E POLÍTICA

Peter Singer argumentou que os animais têm direitos morais comparáveis aos das pessoas.

GLOSSÁRIO

A priori/A posteriori: O conhecimento é *a priori* se ele pode ser aprendido puramente por pensamento, através de percepções diretas e desdobramento de conceitos; ele será *a posteriori* se sua verdade depender da experiência. Possíveis verdades gerais sobre ideias são reveladas *a priori*, e todas as verdades sobre o mundo são reveladas *a posteriori*.

Agente causador: Um tipo diferente de causalidade pode estar envolvida quando as decisões de uma mente (um "agente") causam acontecimentos, em vez de eles serem causados por acontecimentos físicos. Isso busca explicar o livre-arbítrio.

Akrasia **(do grego):** Falta de controle sobre suas próprias ações, também chamado de "fraqueza da vontade", quando julgamos que deveríamos fazer alguma coisa, mas fazemos outra por causa da tentação (como sair da dieta, por exemplo). As ações são controladas pela razão ou pelos desejos?

Analítico/Sintético: Frases são analiticamente verdadeiras por causa das palavras envolvidas, ou sinteticamente verdadeiras por causa de fatos externos. O primeiro tipo pode ser conhecido por pensamento e o segundo, por experiência. A distinção é criticada como arbitrária.

Argumento Cosmológico: Deus deve existir, seja para explicar a existência do cosmos ou sua existência nessa forma em particular.

Argumento da Criação: Deus deve existir, como única explicação plausível para a ordem e a beleza encontradas no cosmos.

Argumento da linguagem privada: Afirma que uma linguagem que só exista no interior de uma única mente, para descrever suas próprias experiências, é algo logicamente impossível, porque para haver a obediência às regras é preciso toda uma comunidade.

Argumento Ontológico: Deus deve existir, porque temos um conceito de ser supremo, e a análise desse conceito demonstra que ele envolve necessariamente sua existência.

Atitudes propositivas: Os estados mentais ao ver uma proposição de uma forma particular, como dúvida, medo, crença ou esperança.

Atributos/Substrato: Objetos têm atributos (ou propriedades ou qualidades), mas *do que* eles são atributos? Podemos pensar em um "substrato" estrutural que tenha todos os atributos, mas essa seria uma entidade muito confusa.

Autonomia: Uma pessoa é autônoma se é capaz de tomar decisões totalmente independentes e livres.

Behaviorismo: Uma mente consciente não é nada além de seu comportamento observável ou potencial.

Causa descendente (ou determinação descendente): A mente pode exercer uma causa descendente sobre o cérebro se ela tem poderes causais independentes; que não são gerados apenas pela atividade cerebral.

Circularidade: Duas explicações ou definições são inúteis se elas dependem uma da outra. Descartes disse que é verdade que Deus existe, e a verdade é confiável porque Deus assim o garante. Isso é logicamente válido, mas não é muito útil.

Coerentismo: A justificação de uma crença é bem-sucedida se ela for plenamente coerente, o que quer dizer que seus ingredientes são relevantes, conectados e consistentes, formando uma imagem convincente.

Compatibilismo: Um relato de ação humana é compatibilista se encontrar um meio-termo entre o livre-arbítrio pleno e o determinismo rígido, talvez afirmando que o raciocínio ou a causalidade mental ou propriedades mentais emergentes tornem possível um outro tipo de causalidade.

Confiabilismo: A versão principal da perspectiva que afirma que a justificação é externa e não está na mente do conhecedor afirma que o conhecimento é bom se ele foi alcançado através de um processo confiável, como enxergar claramente sob uma luz intensa.

Conjunção constante: A perspectiva de Hume de que a causalidade não é nada além do que pode ser observado, ou seja, apenas pares de acontecimentos de um certo tipo ocorrendo sempre juntos.

Contextualismo: Não é um fato alguém saber de algo; esse conhecimento depende em grande parte do contexto, que pode ser simples ou muito exigente.

Contratualismo: A única base para a ética são os acordos entre as pessoas, que criam uma obrigação para devolver um favor.

Contrato social: Um governante ou governo só tem poder legítimo se existir um acordo real ou teórico com o povo que será governado.

Deontologia: A moralidade consiste inteiramente de deveres para executar ações que parecem ser corretas.

Dialética: Abordar a verdade por meio de uma sequência de propostas e objeções; ou abordar a verdade vendo como um conceito leva a outro.

Distinção fato-valor: A maioria dos empíricos declara que a experiência pode revelar fatos, mas não revela valores, de modo que os fatos não podem implicar valores (e o que "é" o caso não segue necessariamente o que "deveria" ser o caso). Críticos respondem que alguns fatos humanos envolvem necessariamente valores.

Dualismo: Mente e cérebro são duas coisas diferentes. Se a mente é inteiramente não física, isso é dualismo de substância. Se a mente é composta pelas propriedades singulares de uma substância física, capaz de ter seus próprios poderes causais, isso é dualismo de propriedades.

Empirismo e Racionalismo: Empíricos afirmam que apenas a experiência promove o conhecimento de mundo, mas os racionalistas dizem que esse conhecimento provém de julgamentos e envolve percepções diretas do raciocínio.

Essência: Compreendemos algo se conhecemos seus elementos indispensáveis e a causa de ele ser o tipo de coisa que é, e se comporte da forma que se comporta.

Ética normativa: Teorias morais que impõem normas ou diretrizes para o comportamento ético. É diferente da metaética (teoria pura) e da ética aplicada (a prática).

Eudaimonia (**do grego**): Uma vida é *eudaimon* se for um exemplo desabrochado de seu tipo, o que consideraríamos bem-sucedido e admirável. É traduzido, às vezes, como "feliz".

Existencialismo: O fato essencial sobre a humanidade é a nossa liberdade não apenas para agir, mas para nos reconstruirmos como algo novo. A escolha é o ato central de nossas vidas.

Expressivismo: Julgamentos de valor parecem estar declarando fatos, mas são, na verdade, expressões emotivas de preferências ou antipatias.

Externalismo e Internalismo: Externalistas afirmam que os significados são, em parte, convenções sociais ou elementos do mundo, enquanto internalistas dizem que ocorrem totalmente dentro de nossas mentes. Essas perspectivas podem implicar que a mente em si está totalmente contida no interior do cérebro ou se estende para o exterior, para o mundo.

Falibilismo: É possível conhecer algo, apesar de uma leve possibilidade desse algo ser falso.

Fazedor-de-verdade: Afirmação de que nada pode ser verdade, a menos que algo o torne verdade. Isso parece correto para verdades simples, mas controverso para verdades complexas ou gerais.

Fenomenalismo: Objetos físicos consistem totalmente das experiências reais e possíveis que eles podem nos dar. Ao contrário do idealismo, a existência de um mundo externo pode ser aceita.

Fisicalismo: Tudo o que existe é físico, inclusive as mentes e suas ideias.

Funcionalismo: A mente é uma estrutura de funções interconectadas (em vez de o cérebro executar as funções), e cada parte da mente deveria ser compreendida por seu papel no sistema.

Fundacionalismo: A justificação somente pode garantir o conhecimento se ela tiver uma base segura, seja em verdades racionais autoevidentes ou em provas empíricas indubitáveis.

Idealismo: A realidade existe totalmente como ideias no interior das mentes, porque qualquer conhecimento da realidade para além da experiência mental é impossível. Comparar com Fenomenalismo.

Imperativo categórico: A afirmação de Kant de que cada ação segue um princípio e que o nosso dever moral é obedecer ao princípio e todos deveriam obedecer também nas mesmas circunstâncias.

Indução: Aprender através da experiência, inferindo verdades gerais dos padrões na experiência. Críticos dizem que isso não é lógico, ou sequer racional.

Intencionalidade: A capacidade de acontecimentos mentais terem conteúdo e tratarem a respeito de algo.

Metaética: O estudo de hipóteses e justificações subjacentes que sustentam teorias sobre o comportamento moral correto.

Modalidade: Diz respeito à maneira em que algo é verdadeiro; normalmente se trata de saber se a coisa é necessariamente ou possivelmente verdade. A lógica modal é seu sistema de raciocínio formal.

Não contradição: Uma declaração e sua negação não podem ser verdadeiras simultaneamente, de modo que pelo menos uma delas tem que ser falsa.

Naturalismo: Não pode haver nenhuma discussão relevante sobre a existência de nada que não seja parte do universo natural em que habitamos.

Necessidade natural: Uma verdade universal e invariável sobre a natureza (embora possamos imaginar que ela seja falsa em uma realidade diferente).

Ontologia: Estudo dos ingredientes e relacionamentos básicos da existência.

Phronesis (do grego): Razão prática ou bom senso. Diz-se ser a competência mais importante se quisermos ter vidas virtuosas, porque ela julga como aplicar as virtudes a situações práticas.

Pragmatismo: A verdade e o conhecimento deveriam se concentrar no sucesso futuro, em vez de em provas do passado.

Predicado: A parte de uma frase que dá informações sobre seu sujeito. Às vezes, identificado com uma propriedade do objeto especificado.

Problema de Gettier: Uma verdade complementar relevante pode não ser suficiente para justificar o conhecimento, se a verdade for descoberta de um jeito que envolva sorte ou mal-entendidos.

Proposição: Uma ideia totalmente inequívoca que pode ser verdadeira ou falsa, exprimível em várias frases e linguagens.

Qualia: Uma qualia é a qualidade pura de uma experiência, como o rubor de uma rosa ou o volume de um som. Diz-se que é especialmente difícil de explicar em termos físicos.

Qualidades primárias/secundárias: Qualidades primárias revelam acuradamente a realidade, conforme estabelecido por diferentes tipos de experiência. Qualidades secundárias são confinadas a um tipo de experiência apenas (como visão das cores), e são mais dependentes das reações do observador.

Realismo representativo: Nossa experiência nos revela o mundo real, mas através de representações na mente (por exemplo, dados-sentidos), que contêm informações precisas. Outros dizem que nossa vivência da realidade é "direta".

Realismo/Antirrealismo: Os realistas estão comprometidos com a existência de um mundo exterior que não depende de como nós o vivenciamos. Antirrealistas dizem que para nós apenas a experiência existe, ou que o conhecimento detalhado de qualquer realidade é impossível.

Reducionismo: O reducionismo diz que algo (como a mente, ou a biologia) pode, em princípio, ser completamente explicado por um nível inferior (como o cérebro, ou a química).

Regresso infinito: Quando a explicação de alguma coisa sempre requer outra explicação semelhante para apoiá-la, resultando-se em uma cadeia interminável.

Relativismo: Uma verdade é relativa se ela existe em relação a alguma outra coisa (como ser "rico" ou ser "pobre"). Afirma-se que todas as verdades sejam relativas e que não existem fatos nem crenças corretos, são meramente diversos pontos de vista. Na verdade, não existe verdade.

Sentido/Referência: A frase "o inventor da lâmpada" tem um sentido ou significado (seja lá quem tenha conseguido isso) e uma referência (Thomas Edison). A referência pode ser fixada pelo sentido ou por um contato mais direto com a pessoa.

Série A e Série B: O tempo pode ser visto de duas maneiras. Na perspectiva da Série A, o momento presente é crucial, o passado já foi e o futuro ainda virá. Na perspectiva da Série B, não existe momento presente e os acontecimentos são ordenados como vindo antes ou depois uns dos outros. Na Série A, um acontecimento se move ao longo do tempo, enquanto na Série B ele tem uma localização temporal fixa. Falar de passado ou futuro não tem sentido na Série B.

Solipsismo: Extremo idealismo, afirma que nem mesmo outras mentes podem ser conhecidas, de modo que nada existe exceto o conteúdo da mente do pensador. Implausível, mas difícil de refutar.

Teoria da correspondência: Um pensamento ou frase é verdadeiro quando seus ingredientes combinam com elementos do mundo em um arranjo correto.

Teoria das Formas: Platão afirma que importantes ideias-chave e ideais não existem apenas na mente, mas são um elemento básico da realidade, existindo independentemente dos pensadores.

Teoria deflacionária: A verdade não é um conceito robusto sobre a conexão entre mente e mundo, e sim um mero endosso de que a frase expressando essa verdade é aceitável e pode ser declarada.

Trilema de Agripa: O conhecimento deve ser justificado, mas a justificação também precisa ser conhecida – o que necessita de outra justificação. Isso continua eternamente, ou acaba em conhecimento injustificado, ou as justificações acabam virando um círculo? Em todos os casos, o desejo para uma base é frustrado.

Universal: Uma única ideia, palavra ou frase que pode ser aplicada com o mesmo significado a muitas coisas diferentes.

Utilitarismo: A teoria de que escolhas morais devem ser feitas e julgadas pelo quanto aumentam de "utilidade", seja ela o bem-estar, o benefício ou as preferências dos envolvidos.

Verificacionismo: Empíricos declaram que uma frase só tem significado se houver algum modo possível de estabelecer se ela é verdadeira. Essa perspectiva é utilizada para rejeitar as afirmações mais ousadas da metafísica como sem sentido.

LEITURA SUGERIDA

1. O QUE É FILOSOFIA?

BLACKBURN, Simon: *Think*. Guia para os principais tópicos, escrito para iniciantes por um pensador de destaque.

CRITCHLEY, Simon: *Continental Philosophy: A Very Short Introduction*. Um escrutínio claro e de fácil leitura sobre as tradições germânica e francesa desde 1790.

MAUTNER, Thomas (ed.): *The Penguin Dictionary of Philosophy*. Um modo excelente de obter uma compreensão rápida de quase qualquer assunto em filosofia. Também explica técnicas de raciocínio.

NAGEL, Thomas: *What Does It All Mean?* Um livro curto e direto escrito por um dos principais filósofos, mostrando como a filosofia se relaciona com o que mais nos preocupa.

PLATÃO: *Górgias*. Belém: Edufpa, 2000. Diálogo no qual Sócrates defende a filosofia, primeiro contra Górgia, que rejeita a verdade, e depois contra Cálicles, que despreza os filósofos por sua irresponsabilidade.

SCRUTON, Roger: *Modern Philosophy*. Uma visão clara e bem escrita da filosofia desde meados da década de 1880.

STANFORD ONLINE ENCYCLOPAEDIA OF PHILOSOPHY (PLATO.STANFORD. EDU): Não é uma leitura fácil, mas trata-se de um recurso maravilhosamente completo e gratuito, dando um panorama de quase todos os tópicos, com guias extensos para outras leituras.

STONE, Alison: *An Introduction to Feminist Philosophy*. Foca nas questões de gênero em vez de na vasta gama da filosofia, mas é uma clara visão geral dessa abordagem moderna.

2. VERDADE

BOGHOSSIAN, Paul: *Medo do conhecimento: Contra o relativismo e o construtivismo*. São Paulo: Editora Senac, 2012. Um livro breve escrito por um dos principais filósofos, defendendo uma visão robusta da verdade e do conhecimento, contra o relativismo moderno difundido.

ENGEL, Pascal: *Truth*. Um panorama muito bom, também cobrindo o debate antirrealismo.

RUSSELL, Bertrand: *Os problemas da Filosofia*. Lisboa: Edições 70, 2008. Uma clássica introdução ao assunto, concentrando-se no conhecimento e na metafísica. O capítulo 12 defende a teoria da correspondência.

WRENN, Chase: *Truth*. Uma expansão clara sobre o tema, levando para áreas correlatas.

3. RAZÃO

FOGELIN, Robert: *Andando na corda bamba da razão*. São Paulo: Alameda Editorial, 2016. Um excelente relato moderno do raciocínio, confrontando como é difícil para nós sermos completamente racionais.

HALBACH, Volker: *The Logic Manual*. Um panorama curto e recente de todas as principais técnicas.

LEMMON, E. J.: *Beginning Logic*. Uma introdução clássica à lógica de frases e predicados, famosa por sua clareza e por detalhar cada passo minuciosamente. Possui exercícios também.

PLATÃO: *Mênon*. São Paulo: Edições Loyola, 2001. Um diálogo curto ilustrando a abordagem de Sócrates ao raciocínio enquanto tenta definir a virtude. Inclui uma famosa defesa do conhecimento inato de geometria de um menino escravo.

PRIEST, Graham: *Logic: A Very Short Introduction to Logic*. Um relato de fácil leitura que não é excessivamente técnico, mas mergulha em alguns históricos muito interessantes.

4. EXISTÊNCIA

CONEE, Edward; SIDER, Ted: *The Riddles of Existence*. Uma introdução curta e de fácil leitura sobre os problemas da metafísica.

KANT, Immanuel: *Prolegômenos a qualquer metafísica que possa apresentar-se como ciência*. São Paulo: Estação Liberdade, 2014. A versão mais breve de suas ideias básicas. Não é uma leitura fácil, mas é um dos marcos na filosofia.

KOSLICKI, Kathrin: *The Structure of Objects*. Um bom exemplo da metafísica moderna, discute como as partes podem compor objetos inteiros e o que as une.

LEIBNIZ, Gottfried: *A monadologia*. São Paulo: Abril Cultural, 1973. Um breve resumo de todo o seu sistema de metafísica.

MacDONALD, Cynthia: *The Varieties of Things.* Um excelente estudo da metafísica moderna.

MUMFORD, Stephen: *Metaphysics: A Very Short Introduction.* Panorama compacto e claro sobre os principais tópicos.

PLATÃO: *A república.* Belém: Edufpa, 2017. Uma das grandes obras. Suas principais ideias sobre formas e realidade são encontradas nas seções 474b-521b (segundo a numeração padrão usada nas edições modernas).

WATERFIELD, Robin: *The First Philosophers.* Um excelente estudo sobre os primeiros filósofos gregos, incluindo um capítulo abrangente sobre Parmênides.

5. CONHECIMENTO

BERKELEY, George: *Três diálogos entre Hylas e Philonous.* São Paulo: Editora Ícone, 2017. Uma intrigante discussão da interpretação idealista do empirismo (que a experiência *é* a realidade).

BONJOUR, Laurence: *In Defense of Pure Reason.* Uma vigorosa defesa moderna do racionalismo.

DESCARTES, René: *Meditações.* São Paulo: WMF Martins Fontes, 2016. As primeiras duas meditações contêm o famoso argumento Cogito Ergo Sum e uma tentativa racionalista de encontrar bases para o conhecimento.

SEXTO EMPÍRICO: *Outlines of Pyrrhonism.* Um texto antigo fascinante, escrito por um cético total a respeito de quase tudo. Cheio de argumentos inventivos e duradouros.

ZAGZEBSKI, Linda: *On Epistemology.* Um panorama breve, moderno e acessível do assunto, escrito por uma das principais teóricas.

6. MENTE

CHALMERS, David: *The Conscious Mind.* O ataque mais famoso ao fracasso do fisicalismo em responder à "pergunta difícil", a de por que nós *vivenciamos* o que pensamos. Desafiador, mas muito satisfatório.

DESCARTES, René: *Meditações V e VI.* São Paulo: Edipro, 2019. Oferece argumentos a favor da teoria do dualismo de substância da mente. Ele oferece algumas condições para sua teoria, devido à proximidade entre mente e corpo.

LYCAN, William G.: *Consciousness.* Tentativa de explicar a natureza da consciência, refinando a teoria funcionalista da mente.

PAPINEAU, David: *Thinking About Consciousness.* Uma defesa clara da perspectiva fisicalista da mente, incluindo um apêndice sobre o fechamento da física.

RAVENSCROFT, Ian: *Philosophy of Mind: A Beginner's Guide.* Um guia excelente e conciso para a matéria toda, cobrindo a maioria dos principais assuntos.

7. PESSOAS

ESPINOZA, Baruch de: *Ética.* Belo Horizonte: Autêntica Editora, 2017. Seu maior trabalho na metafísica. Não é uma leitura fácil. Ele defende o determinismo e a unidade entre mente e cérebro.

INWAGEN, Peter van: *An Essay on Free Will.* Uma defesa atual e contínua do livre-arbítrio.

PERRY, John (ed.): *Personal Identity.* Uma excelente antologia que inclui trechos clássicos de Locke, Butler, Hume e Reid, e bons artigos atuais.

PINK, Thomas: *Free Will: A Very Short Introduction.* Um resumo atual, claro e moderno sobre questões relacionadas.

8. PENSAMENTO

BAYNE, Tim: *Thought: A Very Short Introduction.* Um bom panorama do pensamento atual.

FODOR, Jerry A.: *LOT2.* O título significa "linguagem do pensamento, versão 2". O inventor da teoria de que a mente usa uma linguagem interna desenvolve mais essa ideia.

MURPHY, Gregory L.: *The Big Book of Concepts.* Uma perspectiva esplendidamente minuciosa da natureza essencial de nossos conceitos, evitando uma linguagem desnecessariamente técnica.

RECANATI, François: *Mental Files.* Um dos maiores filósofos examina a linguagem da recente ideia de que a mente é construída por arquivos rotulados.

STOUT, Rowland: *Action.* Ele propõe uma teoria pessoal da ação, mas dá um relato bom e conciso das discussões atuais.

9. LINGUAGEM

AYER, A. J.: *Linguagem, verdade e lógica.* Queluz de Baixo: Presença, 1991. Uma famosa defesa da posição empírica de que o significado depende da verificabilidade. Um bom exemplo das amplas implicações das teorias sobre o significado. Inclui um capítulo argumentando que declarações morais expressam meramente emoção.

KRIPKE, Saul: *Naming and Necessity.* Palestras clássicas e influentes, focando nas teorias diretas de referência, mas com implicações importantes sobre a natureza da necessidade.

LYCAN, William G.: *Philosophy of Language: A Contemporary Introduction.* Visão contemporânea e bem organizada de todos os principais tópicos.

McGINN, Colin: *Philosophy of Language: The Classics Explained.* Cobre cada uma das principais teorias modernas da linguagem, com explicações claras.

MORRIS, Michael: *An Introduction to the Philosophy of Language.* Uma abordagem histórica, explorando as ideias dos principais pensadores da área.

10. VALORES

ARISTÓTELES: *Ethica Nicomachea.* São Paulo: Odysseus, 2008. Uma das maiores obras sobre as virtudes. Ela se foca na *eudaimonia* (desabrochar) e explora a base para a moralidade na natureza humana. O estilo é condensado, mas de leitura tranquila.

DAVIES, Stephen: *The Philosophy of Art.* Bom panorama sobre todos os principais tópicos na estética moderna.

KEKES, John: *The Human Condition.* Análise clara e bem escrita sobre os diversos tipos de valor moral básico.

ORSI, Francesco: *Value Theory.* Uma excelente e compacta discussão sobre todas as teorias atuais.

ROSS, W. D.: *The Right and the Good.* Clássica discussão, muito clara, sobre os princípios morais, depositando confiança em nossas intuições sobre as verdades morais.

SCRUTON, Roger: *Beleza.* São Paulo: Realizações, 2013. Uma descrição atenciosa de um dos conceitos centrais da estética.

11. ÉTICA

COOPER, David E.: *Existentialism: A Reconstruction.* Excelente discussão das teorias existencialistas, incluindo seu histórico em fenomenologia.

DEIGH, John: *An Introduction to Ethics.* Introdução clara e detalhada a cada uma das principais teorias.

GLOVER, Jonathan: *Causing Death and Saving Lives.* Uma discussão clara da maioria dos dilemas mais importantes da ética aplicada.

HOBBES, Thomas: *Leviatã.* São Paulo: Vozes, 2020. Grande obra de filosofia política, apresentando o conceito do contrato social. O Livro Um nos dá um relato da moralidade em termos de acordos entre as pessoas. Uma leitura sem dificuldades, uma vez que o leitor se acostuma ao estilo de prosa mais antiquado.

HURSTHOUSE, Rosalind: *On Virtue Ethics.* Um excelente relato moderno da teoria aristotélica da virtude, explorando algumas das questões práticas.

KANT, Immanuel: *Fundamentação da metafísica dos costumes.* São Paulo: Martin Claret, 2019. Resume sua descrição da moralidade em termos de princípios e deveres racionais.

MILL, John Stuart: *O Utilitarismo.* São Paulo: Iluminuras, 2020. O clássico resumo da perspectiva que afirma que a moralidade diz respeito a alcançar as melhores consequências.

MURDOCH, Iris: *The Sovereignty of Good.* Uma descrição bem escrita da abordagem platônica moderna à ética, apresentando a bondade como o ideal maior.

SARTRE, Jean-Paul: *O existencialismo é um humanismo.* São Paulo: Editora Vozes, 2014. Uma palestra famosa que resume a abordagem existencialista à vida, que inspirou uma geração.

SINGER, Peter: *Ética prática.* São Paulo: Martins Fontes, 2018. Sustenta o argumento de que nós deveríamos viver segundo os princípios utilitários e buscar aumentar a felicidade, especialmente entre os animais.

12. SOCIEDADE

MARX, Karl; ENGELS, Friedrich: *Manifesto comunista*. São Paulo: Boitempo, 2010. Uma análise influente do papel da economia sobre a vida humana e como as coisas podem ser melhoradas.

MILL, John Stuart: *Sobre a liberdade*. São Paulo: Vozes, 1991. Um texto famoso defendendo a supremacia do ideal liberal da liberdade do indivíduo, desde que as outras pessoas não sejam prejudicadas.

NUSSBAUM, Martha C.: *Creating Capabilities*. Propostas detalhadas para como o liberalismo pode se focar em alcançar uma vida boa para as pessoas, em vez de simplesmente liberdade e oportunidades.

RAWLS, John: *Uma teoria da justiça*. São Paulo: Martins Fontes, 2008. Um livro longo, mas sua famosa defesa moderna do liberalismo pode ser encontrada nos capítulos I-III.

ROUSSEAU, Jean-Jacques: *Do contrato social*. São Paulo: Vozes, 2017. Uma proposta clássica de como implementar um contrato social de modo que o povo sustente a legitimidade de seu governo.

SANDEL, Michael J.: *Justiça: O que é fazer a coisa certa*. Rio de Janeiro: Civilização Brasileira, 2011. Série popular de palestras explorando a intersecção entre a moralidade e a política, sobre o conceito de dever cívico, com exemplos muito bons.

SHORTEN, Andrew: *Contemporary Political Theory*. Excelente visão geral de todos os principais conceitos envolvidos em debates sobre justiça e legitimidade políticas.

WOLFF, Jonathan: *Introdução à filosofia política*. Lisboa: Gradiva, 2004. De fácil leitura, é uma análise equilibrada das principais questões na política democrática.

13. NATUREZA

DENNETT, Daniel: *A perigosa ideia de Darwin*. Rio de Janeiro: Rocco, 1998. Argumenta que toda nossa visão de mundo deveria ser moldada pela ideia da seleção natural. Explora algumas implicações do conceito para a filosofia.

ELLIS, Brian: *The Philosophy of Nature*. Argumento claro e interessante a favor da abordagem essencialista aristotélica à ciência moderna.

HUME, David: *Investigação sobre o entendimento humano*. São Paulo: Unesp, 2004. As seções II-VII explicam o empirismo e as dúvidas subsequentes sobre conhecer a causalidade, verdades indutivas e leis necessárias da natureza.

LUCRÉCIO: *Da natureza*. São Paulo: Abril Cultural, 1973. Um texto antigo maravilhoso apresentando a ciência atômica da escola epicurista. Contém várias ideias espantosamente modernas.

MUMFORD, Stephen; ANJUM, Rani Lill: *Causation: A Very Short Introduction*. Uma abordagem concisa à natureza da causalidade e as dúvidas de Hume a respeito disso.

SCERRI, Eric R.: *The Periodic Table*. Excelente exemplo de um filósofo analisando a história de uma grande ideia científica e os princípios por trás de sua descoberta.

14. TRANSCENDÊNCIA

CÍCERO: *On the Nature of the Gods*. A melhor discussão da antiguidade sobre as questões básicas da religião chegar aos nossos dias. Contém as versões iniciais de muitos dos principais argumentos a respeito da existência de Deus.

COLE, Peter: *Philosophy of Religion*. Panorama claro e compacto de todos os principais assuntos.

DAVIES, Brian (ed.): *Philosophy of Religion: A Guide and Anthology*. Uma extensa coleção de declarações clássicas dos principais argumentos e alguns estudos recentes explorando essas afirmações.

FRIEND, Michèle: *Introducing Philosophy of Mathematics*. Uma boa introdução de um tópico difícil para iniciantes. O status da matemática é uma questão central no estudo da existência.

PLATÃO: *Fedro*. São Paulo: 34, 2016. Diálogo contendo uma visão inspiradora de um mundo de verdade e beleza que se estende para além do mundo natural.

CRÉDITOS DAS FOTOS USADAS NESTE LIVRO

Alamy: 67 (Geoff A Howard), 84 (Pictorial Press Ltd), 166 (DC Premiumstock)

Getty Images: 22 (imagem de cima – The Age/Fairfax Media), 29 (Heritage Images/Hulton Fine Art Collection), 148 (Peter Stackpole/The LIFE Picture Collection), 173 (Peter Stackpole/The LIFE Picture Collection), 196 (imagem de baixo – Frederic Reglain/Gamma-Rapho), 209 (Martha Holmes/The LIFE Images Collection)

Biblioteca do Congresso Norte-Americano: 31, 39, 126

Museu Metropolitano de Arte de Nova York: 42

Science Photo Library: 46

Shutterstock: 7 (Yuliia Fesyk), 9, 16 (x6), 18, 22 (imagem de baixo), 23, 24, 27, 28, 34, 35, 36, 37, 49 (x2), 50, 51 (x2), 53, 59, 60 (x2), 61, 64 (x3), 66, 73, 75 (x2), 77, 79, 80, 82, 87, 91 (Renata Sedmakova), 95, 96, 97, 98, 101, 105, 110 (x2), 111, 116, 117, 118, 121, 128 (x2), 129, 130 (x2), 131, 132, 133, 134, 135, 136, 137 (x2), 142, 143, 145, 147, 149, 152, 153, 155, 159, 163 (imagem de cima), 164 (Igor Bulgarin), 167, 171 (imagem de baixo), 175, 176, 180, 184, 187, 189, 190, 197, 198, 199, 201 (Chad Zuber), 202 (Everett Historical), 204, 207 (Maxisport), 215, 216, 221, 222, 223, 225, 226, 231, 238, 239, 243, 245 (imagem de cima – think4photop), 245 (imagem de baixo)

Wellcome Collection: 13 (x8), 19, 93, 99, 100, 107, 109, 177, 178, 183, 191, 195, 196 (imagem de cima), 206, 217, 227, 230, 240

Centro Yale para a arte britânica: 14 (Paul Mellon Collection)